Karl Heidman

Der Substanz-Begriff von Abälard bis Spinoza

Karl Heidman

Der Substanz-Begriff von Abälard bis Spinoza

ISBN/EAN: 9783743337992

Hergestellt in Europa, USA, Kanada, Australien, Japan

Cover: Foto ©Paul-Georg Meister /pixelio.de

Karl Heidman

Der Substanz-Begriff von Abälard bis Spinoza

Der Substanz-Begriff
von
Abälard bis Spinoza.

Inaugural-Dissertation

zur Erlangung der Doktorwürde

in der

Philosophie

mit Zustimmung

der Philosophischen Fakultät

der

Friedrich-Wilhelms-Universität zu Berlin

am 12. März 1890

nebst den angefügten Thesen

öffentlich vertheidigt

vom Verfasser

Karl Heidman

aus Magdeburg.

Opponenten:

Christian Freiherr von Ehrenfels, Dr. philos.
Martin Keibel, Dr. philos.
Rudolf Huber, Referendar.

Berlin 1890.
Druck von Gebr. Unger, Schönebergerstraße 17a.

Inhalts-Verzeichniß.

	Seite
Abälard	5
Gilbert de la Porrée	5
Albert der Große	11
Thomas von Aquino	13
Roger Bacon	14
Duns Scotus	16
Wilhelm von Occam	18
Nikolaus Cusanus	19
Giordano Bruno	19
Hobbes	20
Descartes	22
Geulinx	29
Malebranche	30
Spinoza	31
Schluß	46

Abälard.

Bis auf Abälard hatte die Scholastik den altaristotelischen Substanzbegriff, wonach Substanz „Was von allem Andern getrennt besteht (und darum sachlich nicht als Prädikat betrachtet werden kann)" bedeutet, nur wie sein Schöpfer Aristoteles selber verwandt, nämlich für Einzeldinge. Man hatte sich daran gewöhnt, sich bei Substanz nur einen bleibenden vereinigenden Träger mannigfacher wechselnder Merkmale oder Eigenschaften zu denken und somit Substanz und Accidens als zusammengehörige Korrelate anzusehen. Gott, der doch jede Verschiedenheit und jeden Wandel in sich ausschließt, der auch in nichts Positivem andern Substanzen gleichen darf, um nicht koordinirte Substanzen in der Gattung „Substanz" neben sich zu haben, bezeichnete man daher statt als Substanz durchaus nur als Wesen, Essenz.

Der Empfindung, daß wenn irgend welch Individuum Substanz heißen dürfe, weil es getrennt von allen andern existiren könne, dann doch in viel höherem Sinne der Gott des Christenthums Anspruch auf diesen Namen habe, der als Weltschöpfer sogar ohne die Welt muß dasein können, gab zuerst von allen Scholastikern Abälard unbefangen nach, der sich auch sonst, z. B. in der Ethik, als ein kühner Bekenner fruchtbarer originaler Gedanken bewiesen hat.

Das Gefühl für Gottes Substantialität und Persönlichkeit war in Abälard ein besonders starkes. Er streift in der Hervorhebung der Selbstständigkeit im göttlichen Wesen bis an die monarchianistische Verflüchtigung der drei Personen in ihm zu bloßen Attributen. Hierin liegt das Motiv seiner Neuerung, so wenig er sich Rechenschaft davon gab. Denn eine klare Erkenntniß des Grundes, der dazu drängt, Gott Substanz zu nennen, hat Abälard noch nicht. Er meint noch, Substanz dürfe von Gott doch nicht im eigentlichen Sinne gesagt werden, weil ihm da Accidentien, also Vielheit oder Verschiedenheit zukommen würden.

Gilbert de la Porrée.

Dieser Unsicherheit Herr zu werden, gab es nur ein Mittel, den Substanzbegriff selber näher daraufhin zu untersuchen, was in ihm seine Ausdehnung auf Gott verlange und was zugleich in ihm derselben widerstrebe. Den Anfang einer Sonderung verschiedener Bedeutungen im Substanzbegriffe von einander finden wir bei Gilbert de la Porrée.

Nur Dinge, die wirklich für sich allein und nicht bloß durch Theilhaben an Anderem existiren, seien wahre Substanzen. Solcher Wesen gebe es, abgesehen von Gott, nur vier: Das Feuer, die Luft, das Wasser, die Erde. Sie beständen ohne Materie und seien noch reine, selbständige Ideen. (Andere Male wieder scheint es freilich, als gälten dem Gilbert alle ganz einfachen, nicht weiter zerlegbaren Begriffe wesentlicher Merkmale für solche wahren Substanzen, so daß sich diese völlig mit Platons Ideen decken würden.) So selbständig, einfach und unveränderlich seien aber diese Ideen nur, weil sie unmittelbar in Gott seien. Wahre Substanzen seien sie also im Vergleiche zu Gott nur sekundär.

Was man sonst Substanzen nennt, die konkreten Dinge, bestehe nur durch Feurigsein, Erdesein u. s. w., mithin in gewissem Sinne nur gestützt von jenen Ideen, den wahren. Da jedoch diese Feurigkeit oder irdische oder wässerige Natur der wahrnehmbaren Dinge nicht ein Antheil an den wahren Substanzen selber ist (diese sind als ganz einfach nicht an eine Vielheit zu vertheilen), sondern nur ein Abbild, Exempel von der wahren Substanz, dem Urbilde oder Exemplare, und vielmehr vom Dinge getragen wird als sein Accidens, seine gewordene, native Form im Gegensatze zur ewigen, der Idee, so sind auch die konkreten Dinge Substanzen, freilich eine andere, materielle und dem Wechsel unterworfene Art und nicht ohne jene erste Art Substanzen denkbar. (Liber sex principiorum, initium.)

Gilbert sucht sich über diese zwei Substanzarten noch klarer zu werden mit den Begriffen:

1. quo est oder subsistentia,
2. quod est oder subsistens.

(Kommentar zum [Pseudo-] Boëtius, in der Baseler Ausgabe der Boëtianischen Werke von 1570, S. 1152).

Quod est ist nur die durch Boëtius oder andere Übersetzer überlieferte Übertragung von τὸ τί ἐστι, womit schon Aristoteles das Einzelding bezeichnet hatte, also muß man quod est übersetzen mit „Das Was, das Ding selbst" im Gegensatz zum Wie, der Beschaffenheit oder Form. Die Subsistenz dagegen ist nicht ein substantielles Ding, sondern eine substantielle Form, eine wahre Substanz, wie sie die Voraussetzung der konkreten Dinge ist, daher hat man quo est wiederzugeben durch „wodurch oder weßwegen es ist", also die Form des Dinges in Aristoteles' Sinne, das Wesentliche an ihm. Da die wahre Substanz keiner Formen bedarf, sondern selbst Form ist, also nicht Wesens-Eigenthümlichkeiten unterliegt, sondern die Quelle der Eigenschaften und damit des Bestehens der Dinge, dieser bloßen Eigenschaftenkomplexe, ja recht eigentlich deren Bestehen selber ist, so nennt Gilbert sie hier im Kommentare nicht mehr Substanz, sondern bloß die Subsistenz. Andererseits ist jedes Einzelding, das durch sie subsistirt (besteht), die Verwirklichung und stoffliche Grundlage der in ihm gewordenen Formen (seiner formae nativae), welche ja nur die Abbilder der Subsistenzen als der exemplarischen Urformen sind (S. 1255 ff.). Diese substantiellen Formen selbst aber bestehen sämmtlich in Gott und nur darin beruht ihre Selbständigkeit und Ewigkeit, und so ist auch Gott ja eigentlich Gott allein, reine Form ohne Materie, d. h. wahre Substanz. Ohne jeden Stoff, mithin ohne Dingnatur und ohne Accidentien (was für Gilbert auch die wesentlichen Eigenschaften der Dinge sind), so daß keine der Kategorien auf ihn paßt, als die reinste Idee, ist er ganz einfach oder abstrakt (S. 1138, 1154, 1173, 1140). Darum hat er keine Eigenschaft, ist sie aber alle als das reine allumfassende Sein selber, welches vor dem, was ist, dem Seienden, dem das Sein also nur als Prädikat, nur als Eigenschaft oder Zustand zukommt, d. h. vor jedem quod est oder Dinge, den Vorrang des Absoluten vor dem Relativen, nur Theilhabenden besitzt. Denn da er alle Einzeldinge in sich enthält oder bedingt, weil Alles außer ihm ja nur durch Theilnahme an ihm, dem Sein existirt, so ist er das höchste, eigentliche „wodurch sie sind oder quo est" derselben.

So viel ist aus diesen verwickelten und noch vielfach unklaren Unterscheidungen doch zu ersehen, daß hier neben den Einzeldingen auch noch das Ewige, das über ihnen waltet, der Gegensatz zu ihrer Materie, die Mächte, von denen alles Sein abhängt, mit Entschiedenheit als Substanzen nach dem gebräuchlichen Substanzbegriffe behauptet, zugleich aber als Substanzen in einer ganz anderen Art, als wie Einzeldinge es sind, anerkannt werden. Mag die Unterscheidung des Näheren Gilbert mißrathen sein, die Unterscheidung selber war neu und noch nie vor ihm versucht. Alle bisherigen Anhänger der Universalien hatten diese wohl als Realitäten, selbst als Dinge, res, aber nie ausdrücklich als Substanzen bezeichnet, und jedenfalls keinen Versuch gemacht, den Substanzbegriff dafür noch in einer zweiten Weise zu definiren. Man wird das Sein als Beispiel eines Prädikates über Einzeldinge zurückweisen und die darauf gebaute Auffassung Gilbert's vom Gegensatze innerhalb des Substanzbegriffs als verfehlt erkennen, aber man wird einen Unterschied zwischen jedem Einzeldinge, das doch aus so und so viel Merkmalen, Eigenschaften, Prädikaten, Kategorien, oder wie man sagen will, besteht, und zwischen dem allumfassenden, also nicht zu einer Gattung ähnlicher Dinge gehörenden Dinge, worin der letzte Grund der zusammenhängenden Welt liegen muß, zugeben, und nicht beide in gleicher Weise Dinge nennen.

Mit der Unterscheidung von zwei Bedeutungen des Substanzbegriffs war endlich der Weg betreten, auf dem man dahin gelangen konnte, sich auch der Gottesvorstellung widerspruchsloser als bisher zu bemächtigen und die Substantialität oder Individualität Gottes (die Vorbedingung seiner Persönlichkeit) neben und trotz derjenigen seiner Gegensätze, der Einzelwesen, zu begreifen. Hier fand sich der Ausweg, dessen die Philosophie seit Aristoteles' Zeiten bedurfte, und den sie doch erst mit Gilbert zu entdecken anfing. Und dabei hat es eigentlich nie am Hinweise auf ihn gefehlt, weil ja Aristoteles' System neben die Philosophie Platon's hintrat, in welcher die Realität und Macht des Übernatürlichen von Anfang an viel stärker beachtet gewesen, und der Dualismus der Grundlagen viel schwächer war als bei Aristoteles, und welche zuletzt die Idee des Guten bis dicht an den Gott des Christenthums gebracht hatte, der aus Liebe eine Welt sich erschafft und zwar auch den Stoff zu ihr. Und so ist dieser Weg naturgemäß denn auch von einem Philosophen aus jener scholastischen Richtung gewiesen worden, in der sich ein Bestreben kund thut, auf der allgemeinen christlichen Grundlage die Platonische Ideenlehre mit den von Aristoteles gewonnenen Belehrungen zu vermitteln.

Freilich Gilbert selbst ist noch weit davon entfernt, ein klares Bewußtsein von der Wichtigkeit und richtigen Verwendung seiner Unterscheidung zu haben. Seinen neuen Sinn von Substanz, die Subsistenz, hat er noch nicht entschieden genug dem absoluten Sein angepaßt, weil er auch noch die Universalien damit begreifen wollte, denn diese unglückseligen Vermittelungen zwischen dem absoluten und dem endlichen Sein, die philonisch-plotinisch umgemodelten Ideen Platon's, die auch noch in der christlichen Philosophie wegen der Logos- und Dreieinigkeitslehre eine so angemaßte Wichtigkeit behaupteten, beschäftigen Gilbert sehr. Es fehlt im Begriffe der „Subsistenz" vor Allem die wirkliche Unbedingtheit, welche dann die Einzigkeit oder Alleinheit trotz des Gehörens zum Substanzbegriffe nach sich gezogen haben würde. Festgehalten wird zwar, daß die Subsistenzen keine Eigenschaften haben und darum keinen Wechsel erleiden können, aber statt die Verschiedenheit und Anderheit konsequent auszuschließen, bilden sie selbst in ihrer positiven, bestimmten Natur eine Vielheit und werden vereinzelt. Ja als materialisirte, native Formen der Einzeldinge werden sie fast behandelt, als wären sie nur deren Wesenseigenschaften, die kein eigenes esse besäßen, während doch gerade hierin der einzige Anspruch der Subsistenzen darauf liegt, trotz den endlichen vielfachen Individuen unter den Substanzbegriff zu gehören. Unabhängigkeit und Accidentien-Tragen treten noch nicht als die eigentlich polaren Charakteristika der zwei Bedeutungen des Substanzbegriffes vor Gilbert's Blick hin, und bevor dieses Verhältniß sein Fortsetzer nicht geklärt hat, konnte auch eine scharfe begriffliche Ableitung beider Substanzarten aus ihrer gemeinsamen Wurzel, dem selbständig oder trennbar Existirenden, noch nicht gefunden werden. Darum hatte sie sogar der große Analytiker Aristoteles in dieser Wurzel, die er doch selbst mit so sicherem Griffe ein für alle Mal aus dem Dunkel hervorzog als einen auf die Natur wirklich passenden Begriff, nicht zu erkennen und von einander zu unterscheiden vermocht. Thatsächlich hatte er freilich den gemeinsamen Substanzbegriff ganz einseitig und unvermischt nur im Sinne des Accidentien-Tragens angewandt, er hatte nur irrig von dieser Unterart seiner Bedeutung den ganzen Umfang des Begriffes erfüllt geglaubt. Hätte es schon hierdurch leichter bemerkt werden können, daß der Aristotelische Substanzbegriff noch einen andern Gebrauch als den von Aristoteles gemachten, aber mit dem Begriffe selbst verwechselten zulasse, so ist es doppelt verwunderlich, daß dieser Begriff bis Gilbert auf eine nähere Untersuchung hat warten müssen, wenn wir bedenken, wie der so viel berührte Gottesbegriff die Gott-gläubigen Philosophen gerade über die auf ihn doch gar nicht anwendbare Aristotelische Auffassung aller Substanzen als eigenschaftlich bestimmter hätte beunruhigen müssen. So unvollkommen Gilbert's beide Substanzbegriffe ihrer Aufgabe genügen, so bleiben sie eine Epoche machende Leistung, weil der bisherige einfache auf die ihm entsprechenden Thatsachen noch viel unvollkommener paßte. Ein kurzes Verweilen beim Gottesbegriffe wird dies hervortreten lassen und damit die Aufgabe deutlich machen, der Gilbert und seine Fortsetzer Albert und Thomas zustreben.

Alle philosophischen Systeme, die Gott kennen, mögen sich ihn pantheistisch oder theistisch, monarchisch oder trinitarisch, anthropomorpher oder idealer denken, zeigen doch als Das, was ihn überhaupt erst von der Welt unterscheidet und zum Gotte macht, die Einheit und Unwandelbarkeit, die Unendlichkeit oder das Umfassen des Alls, was aber nicht gedacht zu werden braucht als das Sein des Alls, sondern gerade so das Schaffen der Welt bedeutet, und die Einzigkeit, welche sich zur Noth noch mit der Unterordnung verwandter, aber nicht unendlicher Wesen verträgt.

Was Alles enthält, muß um so mehr aus eigener Kraft wenigstens sein können. Gehört es zu Gott, daß er das All umfaßt, so setzt dies erst recht sein selbständiges oder trennbares Dasein, seine Substantialität nach der Aristotelischen Definition voraus. Aber hier hat sie den Sinn, Gott bedarf nicht nur keines Andern zu seinem Sein, sondern es kann sogar kein anderes Sein ohne, geschweige denn gegen ihn geben.

Bei den Einzeldingen hatte sie den Sinn, daß sie sein können ohne an einem Andern zu haften, während sie jedoch eines von ihnen getrennten Andern bedürfen, da sie bei ihrer Endlichkeit nicht von selber sind. Widrigenfalls könnten sie sich ja zur Unendlichkeit erweitern, denn so weit ihnen von anderem unabhängigem Sein, etwa von einander, dabei Schranken gesetzt würden, wären sie eben nicht von selbst, sondern abhängig.

Das Einzelding ist die Verbindung eines Vielfachen gleichzeitiger und aufeinander folgender Accidentien oder Merkmale unter sich zu einer Einheit. Einheit, Verbindung ist freilich bloß eine Relation. Aber nähme man außer ihr noch einen inhaltlichen Kern in den Begriff des Einzeldinges auf, so könnte es nur noch Person, und nicht mehr bloßes Ding oder Sache sein.*) Eine unter sich geschlossene Einheit wäre es aber nicht, wenn es nicht von dem übrigen Sein getrennt oder doch trennbar wäre.

Unabhängig ist es aber weder von Anderem (denn im Weltlaufe entsteht es durch andere Einzeldinge, wie der Mensch durch seine Eltern, und vergeht auch wieder durch fremde Einwirkungen, und wenn man für unorganische Wesen (Atome) und für Geister das Entstehen und Vergehen als unbeobachtet nicht als Zeugniß ihrer Abhängigkeit gelten lassen will, so kann doch auch solch Einzelding offenbar bloß darum nicht zu unendlichem Sein sich erweitern, weil entweder aus seiner inneren Abhängigkeit von Gesetzen des Alls, d. h. aus seiner Unselbständigkeit gegenüber seiner eigenen Natur, oder aber aus äußerer Abhängigkeit von andern Einzeldingen, also wegen äußeren Widerstandes, ihm die Kraft dazu mangelt), noch ist es auch nur von seinen eigenen Accidentien unabhängig, denn es kann nicht ohne jeden Zustand sein (so daß streng genommen, ein Accidentien tragendes Individuum eigenes Sein, Selbständigkeit, Trennbarkeit gar nicht haben kann, eben weil es Accidentien tragen soll, denn seine Einheit oder Untheilbarkeit, seine Individuumsnatur kann nicht sein ohne die sämmtlichen Accidentien, die sie eint, ohne Das, dessen Einheit sie ist, und seine Accidentien können einzeln keins ohne alle andern, aber auch nicht einmal alle zusammen ohne ihre Einheit bestehen, durch die ihnen ja erst Selbständigkeit gegeben wird. Nur als Ganzem, also seine Accidentien sämmtlich einbegriffen, kann man ihm eigenes Sein zusprechen, aber selbst dem Ganzen nur in der zuerst dargestellten Beschränkung durch die Gesetze seiner Natur und durch andere Einzeldinge).

Im geraden Gegensatze zu dem Einzeldinge ist Gott die absolute Unabhängigkeit, da alles andere Sein selber von ihm abhängt (gerade wie sein eigenes auch), um so weniger also von sich aus ihn bestimmen kann.

Hingegen ist er die Einigung eines Vielfachen mindestens nicht in der Hinsicht, in welcher alle Vielfachheit als Verschiedenheit die Einseitigkeit oder Beschränktheit oder Endlichkeit jedes Gliedes einschließt, da es nicht auch Das ist was die andern sind, und darum ist er von so vielen Philosophen, unter Anderen

---

*) Man sieht hier, daß die Substanz als Einzelding nicht ohne Qualitäten bestehen kann, und abgesehen von ihren sämmtlichen Qualitäten Nichts ist. Eine Relation kann nicht ohne Relata bestehen. Der Einwand, der hieraus, daß in den Dingen Nichts Bleibendes im Wechsel aller ihrer Accidentien nachzuweisen sei, von Locke gegen die Erkennbarkeit und von Hume sogar gegen die Existenz von (Einzel-) Substanzen erhoben worden ist, gälte auch im besten Falle nur den Personen, den Dingen nicht.

auch von Augustinus, nicht bloß als einzig, wie es sich bei der Unmöglichkeit zweier unbedingter Wesen von selbst verstand, und nicht bloß als einheitlich wie jedes Wesen, sondern auch noch drittens als einfach erklärt worden, weil sie ihn noch mit Endlichkeit behaftet zu denken fürchteten, wenn nur die Vielheit (die innere und die äußere), und nicht auch noch die Verschiedenheit aus ihm ausgeschlossen wäre. Vielfach kann er höchstens als Schöpfer von Vielem heißen. Denn der Schöpfer enthält oder umfaßt das Geschöpf.

„Das selbständig oder losgelöst oder (in Bezug auf Anderes) trennbar Seiende (χωριστόν) und darum, kann man hinzufügen, Einheitliche oder Ganze (oder in Bezug auf sich selbst Untrennbare)" darf daher nur in dem Sinne von „Das eine Vielfachheit zur Untheilbarkeit oder Individualität Einigende und sie dadurch von allem Übrigen Trennende" genommen werden, wenn die Einzeldinge damit gemeint sind, wie von Aristoteles, der diese Deutung darum stillschweigend als einzig denkbare Entwickelung jenes allgemeinen Ausdrucks „Selbständigsein" behandelt, und es darf nur auf „Das Unabhängige, von selbst Seiende, mithin Unbeschränkte, Unendliche" gedeutet werden, wenn Gott damit definirt wird, wie später von Deskartes und seinen Fortsetzern.

Das bequemste Merkmal zur Unterscheidung beider Substanzen ist, daß die unendliche ohne ihren Gegensatz denkbar ist, die endliche nicht. Das Unabhängige braucht nicht Abhängiges zu schaffen, aber jede Verbindung (jeder Einschluß, Zusammenhang) setzt Verschiedenheit voraus. Gott ohne abhängige Schöpfung ist also denkbar, ein Einzelwesen ohne besondere Bestimmungen, mindestens ohne Dauer durch verschiedene Augenblicke, ist aber undenkbar, denn sein Gegensatz, diese Accidentien nämlich, ist sein Correlat, ohne Beziehung worauf schon sein Begriff unmöglich ist.

Schon bisher hatte sich die neue Art des Substanzbegriffes in immer größerer Deutlichkeit herausgebildet, aber verborgen unter der Maske der essentia (s. S. 5), und unerkannt nach ihrem Zusammenhange mit dem andern Substanzbegriffe. Von Gilbert wird zum ersten Male die Zweiheit als eine solche im Substanzbegriffe selber wahrgenommen. Mit der Essenz oder dem begrifflichen Wesen hat die göttliche Substanz nur soweit Etwas zu thun, als auch Das, was am Einzeldinge wesentlich ist und ihm darum überall bleibt, getrennt von dem, was an ihm zufällig ist, auf umfassende Allgemeinheit oder Abstraktheit hinausläuft. Das gegensatzlose innerlich allseitige Allumfassen, das die göttliche Substanz ausmacht, wird von unserem Denken nämlich ebenfalls nur als Abstraktheit aufgefaßt, aber als Abstraktheit von Allem, so daß sie völlig unbestimmt ist, denn die göttliche Substanz umfaßt das Unwesentliche ebenso vollständig wie das Wesentliche. Daß sie dennoch mit andern Substanzen unter einen Begriff fällt, also doch einen festen Begriff hat, ist kein Widerspruch, weil dieser Begriff ein negativer ist und nur ihr Freisein von gewissen Eigenschaften festhält, nämlich von der Gebundenheit an Anderes. Was unser Erkennen positiv fassen kann, muß immer etwas Endliches und Bedingtes sein, weil unser Erkennen selber endlich ist und feste Denkgesetze als Schranken der Wahrheit empfindet. Das Unendliche, das es als Thatsache schon unseres eigenen Verlangens und Anschauens gelten lassen muß, kann es nicht selber fassen, sondern nur von dem ihm Faßbaren unterscheiden als Nicht-endlich, Nicht-relativ, u. s. w., und definiren läßt sich das Vollkommene nur mit Negationen, was schon Augustinus gesagt hat, der trotzdem selber für Gott den Namen Essenz eingeführt hat. Die Allgemeinheit des Wesens ist einseitige Bestimmtheit, und rührt davon her, daß nur diese eine Seite des Dinges nicht zufällig, sondern aus Nothwendigkeit ist, also nie anders sein kann, die Allgemeinheit der Essenz ist daher Allgemeingültigkeit. Die Allgemeinheit, die wir der göttlichen Substanz zuschreiben müssen, ist Unbestimmtheit. So darf auch ihr Umfassen ja nicht als das Bestehen aus Theilen gedacht werden. Spinoza wußte wohl, was er that, indem er seine natura naturans von der natura naturata als untheilbares All von dem nnenblich getheilten All unterschied. Denn Theile können nur sein, indem sie zu einander im Gegensatze stehen (der natürlich nicht der konträre zu sein braucht). Sonst wären sie nicht unterschieden. Das Umfassen soll aber das Hinaussein über den Gegensatz, das „Selber auch sein Gegensatz sein" bedeuten. Die Einigung freilich verhält sich zu dem Geeinten, d. h. die endliche Substanz zu ihren Accidentien wie das Ganze zu seinen Theilen. Aber es ist immer ein Zeichen, daß bei einem Philosophen das Gottesbewußtsein etwas weniger lebendig ist und die Gottesvorstellung sich ihm darum getrübt hat, wenn er Gott zu den Einzelwesen in das Verhältniß des Ganzen zu den Theilen setzt, und das unendlich viele von Gott Umfaßte als unendlich viele Theile von ihm denkt. Verschiedene Theile desselben Ganzen könnten ja die schärfsten Gegensätze zu einander sein, aber würden einander dennoch eben als numerisch verschiedene nie ausschließen. Dies könnten nur entgegengesetzte Bestimmungen desselben Theils. Und gerade die einander ausschließenden Gegensätze umfaßt doch das Unbeschränkte Allmächtige und hebt sie dadurch auf. Wären sie seine verschiedenen Theile, so würde es sie gar nicht als sich ausschließende enthalten, und darum auch nicht über ihnen stehen und sie aufheben können. Es würde sie vielmehr gerade als neben einander bestehen könnende, sehr gut vereinbare Gegensätze enthalten, also als Gegensätze und doch nicht als Widersprüche (die sie mit der Unbeschränktheit doch sein müßten), sondern als bloße Unterschiede, und gerade hierdurch würde es sich als seiner Natur nach dem Gegensatze noch unterworfen erweisen, und erkennen lassen, daß seine Natur nicht über die Gegensätze hinaus, nicht von ihnen frei, nicht ein Widerspruch zu ihnen (und umsomehr zu den Widersprüchen) sei, also daß seine Natur eine endliche sei. Geht es somit nicht an, zu meinen, die göttliche Substanz umfasse Alles als ihre bestimmten Theile, so ist sie allumfassend durch Unbestimmtheit und nicht durch Bestimmtheit, nur so kann sie das frei Bestimmende sein. Also ist sie ja nicht als das allseitig Bestimmte, sondern als das allseitig Unbestimmte zu denken, nämlich als das Unbestimmbare, weil Allmächtige oder Freie (siehe aber S. 53, letzten Absatz).

Albert der Große.

Albert (lib. de praedicabilibus, lib. de praedicamentis, tract. 1 und 2) kennt drei metaphysische Bedeutungen des Wortes Substanz:

1. Im ersten Sinne ist sie der erste und hauptsächlichste Theil der Wirklichkeit, in sich wahr oder denknothwendig, und die Ursache des Existirens für alles Andere. Diese Substanz ist das, was man früher Essenz, noch früher Form genannt hat (Gott), sie ist kein quale quid, kein irgend wie geartetes Wesen, weder Individuum, noch Species, noch Genus, aber schlechthin einfach, nämlich das reine Sein. Aber nicht in den Dingen, wie das Allgemeine, sondern ein Wesen für sich über ihnen, trotzdem es nicht etwa artbildende Differenzen (Ab=

weichungen von ihnen) hat, ein Wesen mit dem sie Nichts gemein haben. Denn obwohl die Dinge nur bestehen, weil sie von ihm erhalten werden, bestehen sie doch nicht weil sie Antheil an ihm hätten. Dann wären sie noch zu unabhängig ihm gegenüber aufgefaßt, und könnten es auch ihrerseits hinsichtlich seines Daseins zu bedingen scheinen (als seine Theile). Davon ist aber nicht die Rede. Sie sind aus Nichts, und würden wieder zu Nichts, wenn dies allseiende Wesen sie nicht länger tragen wollte.

2. Im zweiten Sinne ist Substanz das erste Prädikabile, nämlich die alleroberste Gattung der Dinge, die sie sämmtlich außer Gott umfaßt, die ihnen allen zu Grunde liegt, weil sie das gemeinsame Substrat aller Formen ist, mithin zwar nicht die Materie selbst, da es ja viele immaterielle Dinge giebt, aber Das, was doch in allen Dingen außer Gott die Stelle des Form empfangenden, individualisirenden Princips vertritt, also was ihnen, wenn sie Gott gegenüber alle zusammengenommen werden und es nicht auf ihre Unterschiede unter einander ankommt, das Wesentlichste ist, das noch ganz ungeformte hyleale, wie es Albert nennt. Jeder Theil dieses allgemeinen Hyleale, das also in den materiellen Substanzen die Materie ist, ist zur Aufnahme einer andern Form fähig, und die letzten Untertheile jedes Theiles, welche nur noch derselben Form fähig sind, vervielfachen oder unterscheiden diese Form doch wenigstens numerisch durch ihre Aufnahme. So ist das Hyleale das Princip der Individuation, d. h. wohl, die Individuation oder Trennung liegt im innersten Wesen der geschaffenen Dinge, in ihrer Nichtigkeit. Als unendlich Zertrenntes ist das Hyleale etwas Zusammengesetztes und zwar ein quale aliquid, ein überall irgend wie, in bestimmter Weise geartetes Etwas. Sein quid (sein Zerfallen in Individuen) hat es von Dem was geformt wird, d. h. sein quid ist es selbst, es ist sein eigenes quid. Sein quale (seine bestimmte Eigenthümlichkeit) richtet sich danach, von welcher formenden Essenz es gerade an dieser Stelle, gerade als dies Individuum, zu ihrer Aufnahme befähigt wird.

3. Im dritten Sinne ist Substanz das erste Subjekt, das Einzige, was im eigentlichen Sinne Subjekt sein kann, wovon alle Aussagen, auch die Prädikabilien (die Wesensmerkmale) sammt dem ersten Prädikabile (dem Hyleale) gemeint sind. Dies ist das Einzelding, das hoc aliquid, was durch die Materie, den Ort, die Schranke als dieses oder jenes Wesen bestimmt wird. (Am knappsten tract. 2, c. 1.)

Im zweiten wie im dritten Sinne enthält die Substanz zwei Prinzipien, das quid, welches formbar und der Materie verwandt ist, und Das was das esse giebt und formt und der Form verwandt ist. Materie selbst und Form selbst sind diese beiden Prinzipien nämlich nur in den sinnlichen Einzeldingen, in den rein geistigen Wesen und in der allgemeinen Materie dagegen nicht. Denn wie in den immateriellen Einzelwesen (den Engeln und den unsterblichen Seelen) doch noch ein gewissermaßen materielles Prinzip ist, wodurch auch sie individualisirt werden, nämlich das quod est, so ist auch in der reinen Materie (der Substanz im zweiten Sinne) noch ein Prinzip, das der Form wenigstens minder fremd ist als ihr quid, nämlich die Fähigkeit zur Form, und zwar in jedem kleinsten Stücke nur zu einer ganz bestimmten Form.

Der erste und der dritte albertinische Begriff der Substanz fassen den Gegensatz des unendlichen und des endlichen selbständigen Seins ersichtlich schärfer auf als jene beiden Substanzbegriffe, die Gilbert unterschied. Albert kennzeichnet mit der größten Klarheit Jenes als das Allbedingende, dieses als Etwas, dem zufällige individualisirende Accidentien und Wesenseigenthümlichkeiten anhaften.

Unklar ist nur noch seine zweite Klasse, in der er Etwas als Substanz bezeichnet, das nie trennbar besteht, sondern nur ein Prinzip für Selbständiges ist, ja das fast nur ein Begriff und zu alle Dem noch theilbar ist. Als Universale hat er die gemeinsame Grundlage in allen Dingen jedenfalls nicht substantiirt, wenn sie ein solches auch als oberstes Genus zu sein scheint. Denn als Substanzen oder Platonische Ideen verwirft er die Universalien. Gerade deren Substantialität hat Albert endgültig für die Philosophie aufgegeben. Sie existiren ihm nur noch entweder in unserem oder in Gottes Geiste oder in den Dingen als ihre Formen. Auf das Hyleale, den allgemeinen Vertreter der Materie oder Nichtigkeit, dem Substanzbegriffe in einer neuen Modifikation Anwendung zu geben, hierzu ist er wohl gekommen einmal, weil auch die Materie als allbestimmbar gegensatzlos ist, und ihn doch Gottes Gegensatzlosigkeit zu dessen Substantiirung getrieben hatte, wobei freilich Gott als allumfassend über allen Gegensätzen, die Materie als das noch Nichts Gewordene unter allen Gegensätzen steht, andererseits vielleicht auch irregeführt davon, daß Aristoteles für die Materie wie für die Substanz die gleiche Bezeichnung Substrat ($\upsilon\pi o\kappa\varepsilon\iota\mu\varepsilon\nu o\nu$) gebraucht hat. Die Materie nannte Aristoteles aber nur im Anschluß an Platon Substrat, um sie dadurch wie letzterer als das weibliche, seine Bestimmungen empfangende, ihrer wartende, zufällige, formlose Prinzip bei der Entstehung der Dinge zu charakterisiren. Wenn er das Wort dagegen auf die Substanz anwendet, meint er damit etwas ganz Anderes, nämlich daß sie das Sein von Eigenschaften, Zuständen und Thätigkeiten in sich trage und so auch logisch allen Aussagen solcher zu Grunde liege als das Subjekt. Es ist also rein zufällig und ohne Bedeutung, daß bei Aristoteles für Materie und Substanz der gleiche Name vorkommt.

Thomas von Aquino.

Auch Thomas (Summa theol. 1, qu. 3, 5 c) kennt drei Arten Substanzen:
1. Eine einzige absolut einfache Substanz, in der das Wesen selber schon das Sein ist, nämlich Gott. Sie ist schlechthin unbedingt, duldet keine Bestimmtheit, weder als Essenz noch als Subsistenz (d. h. weder die als Wesen noch die als Sein), weder als Individuum noch als Species noch als Genus noch als irgend eine Qualität, sie bestimmt selber aber Alles.
2. Relativ einfache Substanzen, in welchen das Sein vom Wesen verschieden, das Wesen selbst aber einfach ist. Es sind die immateriellen Substanzen, die Engel und die Seelen der Menschen, während die Seelen der Thiere in ihrer Leibesmaterie als deren Form enthalten sind, weil die Thiere wie der menschliche Leib zur dritten Klasse Substanzen gehören. Die Substanzen der zweiten Art sind ihrem Sein nach durch ihr Wesen bedingt, jedoch nur einfach, die Mittheilung des Seins von Gott an sie ist auf das ihrem Wesen zukommende Maaß der Empfänglichkeit beschränkt. (Ihr Wesen, wofür Thomas auch Natur oder Quidität sagt, haben sie natürlich auch von Gott, der es aber erst aus dem Nichts zu Etwas gemacht hat, so daß es nichtiger als ihr Sein und als das göttliche Wesen ist.)

3. Zusammengesetzte, in welchen nicht nur Sein und Wesen, sondern auch im Wesen wieder Form und Materie zu unterscheiden sind, also alle materiellen Substanzen. Diese sind ihrem Sein nach doppelt durch ihr Wesen beschränkt, da nicht bloß ihr Wesen an sich eine beschränkte Empfänglichkeit für das Sein darstellt wie oben bei den immateriellen, sondern noch überdies selbst wieder bedingt wird durch die Materie, der es aufgedrückt werden soll. Die Materie aber ist wie die Quidditäten von Gott aus Nichts geschaffen, nur noch nichtiger.

Die zweite und dritte Art sind die bedingten, aber innerlich mannigfaltigen, eine Vielheit verbindenden Substanzen, entsprechen also zusammen erst der dritten Art bei Albert, welcher unter dieser übrigens dieselben Arten von Wesen alle zusammenfaßte, die hier in die zweite und dritte zerlegt sind. Die erste, welche die unbedingte und folglich in dieser Art einzige und einfache Substanz enthält, deckt sich mit der ersten Art Albert's. Gilbert hatte seine entsprechende Klasse von Substanzen „Subsistenzen" genannt, ohne das Wesen dieser Substanzart schon genau zu erkennen. Thomas schränkt diesen Namen scharf auf das ein, was die damit gemeinte Art Substanzen von Einzeldingen unterscheidet, auf das per se existere (nicht etwa bloß pro se oder in se), was das a se existere (das sich selbst schaffen) einschließt, da wie dem Augustinus auch dem Thomas Erhalten nichts Anderes wie beständig neu Schaffen bedeutet. (S. 1, qu. 46 und 104). Dennoch will er auch Gott nicht gern Subsistenz nennen, weil Subsistenz eben nur das absolute Sein selber ausdrücke und nicht mitbezeichne, daß das absolute Sein als solches auch identisch sei mit dem Wesen, und an einem bestimmten Wesen Gottes müsse man festhalten trotz Gottes Bestimmungslosigkeit. Doch kommen immerhin Aussprüche vor wie: es gebe nur ein einziges subsistens an Zahl und dergl., wo er das Wort für Gott gebraucht.

Die zweite Klasse bei Albert, die ja etwas zu den Substanzen stellte, was losgelöst gar nicht denkbar war, hat Thomas aufgegeben. Übrigens braucht er als Übersetzung von ὑποκείμενον statt substratum den Ausdruck suppositum, offenbar weil das Substrat der Form ihm nicht immer Materie ist, an die man einmal bei dem Ausdrucke Substrat dachte, oder auch nur ein Hyleale, sondern in den immateriellen Substanzen deren Form selber. In diesen ist ja ihr Wesen sein eigenes Form- (oder Wesen-) empfangendes Substrat. Das Wort Substrat verwendet er anscheinend gar nicht.

Roger Bacon.

Dieser früheste Empirist der Scholastik fällt in der Entwickelung des Substanzbegriffes durch seinen seltsamen Versuch auf, die Kategorie der Substanz auf die der Quantität zurückzuführen, wenigstens die Quantität als diejenige Seite unseres Erfahrungsbereiches hinzustellen, aus welcher wir den Substanzbegriff gewännen. (Opus majus, Jebb's Ausg., Vened. 1750, S. 45.) Das Streben, so die Substanz in das Prädikat eines Prädikates zu verwandeln, nämlich in eine Art von Quantität aufzulösen, während es doch gerade in ihrem Wesen liegt, nicht als Prädikat gedacht werden zu können, wird minder sonderbar erscheinen, sobald man sich erinnert, daß die Scholastik nicht wie wir die Quantität für eine Eigenschaft des Raumes ansah, die er mit jeder Menge, Intensität und Dauer theile, sondern mit Aristoteles den Raum für eine Eigenschaft der Quantität hielt, welche letztere statt den Raum auch die Menge, u. s. w. zur Eigenschaft haben könne, während der Raum nur in den Quantitäten möglich sei. Da ferner die Scholastik Bedenken trug, und zwar aus sehr richtigem Gefühle, einen bloßen Raum ohne Inhalt, der dadurch ausgedehnt werde, anzunehmen, diesen Inhalt aber statt als Gesichts= oder Tast=Empfindungen nur als wirklichen Körper sich zu denken wußte, so glaubte sie die Quantität, welcher der Raum ja nach Aristoteles anhaftete, einfach für diese körperliche Erfüllung nehmen zu müssen. Dachte man sich dergestalt bei Quantität nur das, was die heutige Physik Masse nennt, so bekommt Roger's These den einfachen Sinn, die Substanzen seien die Körper. Unsere sichere Erkenntniß ist nach ihm auf die Erfahrungen beschränkt, welche wir durch die äußeren Sinne, vor Allem durch das Auge gewinnen. Zum Sehen rechnet er nämlich auch das mathematische Denken, und dessen Ergebnisse allein haben ihm volle Sicherheit. (Ebd. S. 329 ff.) Dessen Gegenstand ist aber nur das Quantitative. Darum sind ihm die Körper wenn nicht wie dem Tertullianus die einzigen wirklichen, doch entschieden die einzigen erkennbaren Substanzen. Wir sollen die geistigen Substanzen nur nach Analogie der körperlichen erkennen, letztere aber fallen unter das Maaß der Quantität. (Ebd. S. 45.) Indessen sieht er noch sehr wohl ein, daß der Charakter des geschöpflichen Seins, individuirtes Sein zu sein, es vom absoluten allgemeinen göttlichen Sein unterscheide. (Communia Naturalium 1, Pars 2, dist. 1, c. 1 nach K. Werner.)

Überhaupt geht Roger von der Voraussetzung aus, daß allein die mathematischen Verhältnisse unserm Verstande vollkommen durchsichtig nach ihrer inneren Nothwendigkeit seien und ihm volle Befriedigung schaffen, und daß deshalb auch die logischen auf sie zurückgeführt werden müßten. (Op. maj. S. 45.) Mit dieser Auflösung aller Erkenntnißobjekte in quantitative und meistens räumliche Verhältnisse beginnt Bacon eine Betrachtungsweise, mit der er einerseits die Weltauffassung der Pythagoreer im Gewande der Aristotelischen Kategorieenlehre wieder vorbringt, und andererseits noch von einem beträchtlichen Theile der heutigen Naturwissenschaft in gerader Richtung fortgesetzt wird, welche zu vielen seiner bloßen Hypothesen endlich die Erprobung durch die Erfahrung zu bringen vermocht hat. Roger schlug diese neue Richtung freilich als reine Spekulation ein, und als solche hat Deskartes sie mit seiner Welt der ausgedehnten Substanzen auf ihren Gipfel und zu überraschender Vollendung gebracht, so daß selbst Spinoza ihn wohl im Ziele, aber nicht mehr im Erfolge übertrifft, obwohl gerade Deskartes keineswegs in der bloß mathematischen Weltansicht aufgeht, wozu schon seine Annahme der Willensfreiheit im Sinne von Willkürlichkeit nicht paßt.

Stellte etwa Roger sich jede Quantität als von einer Anzahl oder Menge untheilbarer Einheiten gebildet vor, so könnte sein Bestreben vielleicht auch den ganz andern Sinn haben, daß er fühlte, wie die Substanz nach ihrem allgemeinen Begriffe als das von Anderem Trennbare im näheren wie im ferneren Sinne (vor allem jene Substanzen, die nicht Dinge, sondern Personen sind) wirklich der einzige Erfahrungsinhalt ist, wovon wir den Begriff der Einheit, und die Menge der endlichen Substanzen der einzige, wovon wir den der Vielheit oder Quantität abstrahiren können. Denn welche Einheiten außer den Geistern und den von unserer Betrachtungsweise nach ihrem Muster festgesetzten, also den Sachen, kämen noch vor, die nicht entweder durch fließende, kontinuirliche Unterschiede in einander übergingen, oder doch durch innere, ebenso scharfe Unter=

schiede in Wahrheit ins Unendliche getheilt wären? Nur hätte Roger dann streng genommen genau die Umkehrung seiner Behauptung gemeint, nämlich die Substantialität (namentlich das Bestehen des Bewußtseins und aller seiner Vorgänge in der Form einer Vielheit von Geistern) sei die einzige Seite aller unserer Erfahrungen, aus welcher wir den Stoff der Arithmetik, das Zahlenreich, die Begriffe der Einheit und der Menge schöpfen können! Will man ihm aber eine solche Verwechselung nicht zutrauen, so ist seine Auflösung der Substantialität in die Quantität eben nur wie oben zu verstehen, und seine Substanz nicht auf den letzten Theil der Quantität, sondern auf die Quantität als isolirtes Ganzes zu beziehen.

Für etwas Anderes war übrigens schon Albert's zweite Substanzbegriffsart, also dessen Deutung der Substanz auf die Materie kaum zu nehmen, denn Albert's Materie oder das Hyleale ist als unendlich theilbar Nichts als das geometrische Quantitative, der Raum, und andererseits ist sie als das die Formen numerisch Unterscheidende Nichts als das arithmetische Quantitative, die Zahlen.

Duns Skotus.

Sein Kampf gegen die bisher in der Scholastik herrschende Überzeugung, daß die individuelle Existenz ein Mangel und also das Prinzip der Individualität ein negatives Prinzip sei (weßhalb hauptsächlich wohl Albert und Thomas es als mit der Materie verwandt oder identisch betrachtet hatten), zeigt, daß ihm die besondernde und vereinzelnde Bestimmtheit nicht als Schranke oder Bedingtheit erscheint, und legt die Befürchtung nahe, daß wenn nicht er, so doch seine Nachfolger den Unterschied der unabhängigen, unbeschränkten und darum unterschiedlosen, nicht einzelnen sondern einzigen Substanz von der abhängigen, endlichen, qualitativ bestimmten Einzelsubstanz und dadurch jene ganze Art Substanz und die substantielle Natur Gottes wieder aus den Augen verlieren werden. Daß Duns wieder zu dem Begriffe Essenz für Gott zurückgreift, und den der Substanz bei ihm vermeidet, ist doch wohl ein Symptom dessen, daß er den Unterschied des Unendlichen von den endlichen Dingen nicht mehr so sicher wie seine letzten Vorgänger als im Substanzcharakter selbst begründet erkennt.

Duns' neue Auffassung des Individuationsprinzipes hat aber noch nähere Folgen für seine Lehre von den Substanzen. Bisher hatte die Form, das Wesentliche in den Dingen, auch für das Allgemeinere gegenüber dem Stoffe, dem Zufälligen darin, gegolten, da das Wesentliche im einzelnen Dinge während seiner ganzen Dauer unverändert bleiben und den innerlich ähnlichen Dingen sämmtlich gemein sein muß, während das Zufällige nur hie und da und nur gelegentlich sein kann. Duns dagegen beachtet nur, daß das Unbestimmtere allgemeiner ist als das Bestimmtere, und das Zufällige ist doch stets das Unbestimmte, wie das Wesentliche das Nothwendige, Bestimmte, Gewisse ist, also wird aus diesem Gesichtspunkte die Form das Konkretere und das Allgemeinere der Stoff. Duns betrachtet als das Allgemeinere in den Dingen die Materie, das Unwesentliche, Wesenlose in ihnen, und für das, was die Individuen zu einzelnen, herausgetrennten Wesen nicht beschränkt, sondern ergänzt nach seiner Anschauung, sieht er ihr Empfangen der Form an, nicht nur die Form für sich, sondern schon die Verbindung beider, die Formung des Formloseren.

Während bei den übrigen Substanzen ihr Wesen nur aus den ersten Formungen der allgemeinen Materie, der materia universalis*) zu irgend einem Gattungs= und Art=Charakter besteht, also zum Theil gerade selber die Nichtigkeit und Zufälligkeit ist, und erst durch den Hinzutritt der letzten Form, der Individualität ins eigentliche, volle Sein erhoben wird, somit als das noch Ungeformtere der letzten Form gegenüber doch Materie ist, ist das Wesen Gottes als schlechthin wirklich und einfach einerseits statt in Formung begriffener Materie reine Form, und andererseits schon durch sich selbst ein Individuelles (dies Wort im Ursinne gemeint, also bloß ein „Untheilbares oder Einfaches"). Die alle übrige Substantiirung beherrschende Beimischung von Materie zur Form reicht an Gottes Einfachheit nicht heran.

Weßhalb man das Suppositum, welchen Namen des Thomas für Substrat (Materie) Duns beibehält, nicht etwa als die Substanz betrachten dürfe und als Das, wodurch die sie formirenden und individualisirenden Accidentien in der Wirklichkeit als diese individuelle Einheit beständen, begründet er außer mit der Allgemeinheit des Suppositums auch dadurch, daß das Suppositum als Materie einen negativen Charakter haben müsse, jede Substanz dagegen positiv sei. Denn alle 10 Prädikamente bedeuteten positives Sein. (Dürand's Lyoner Ges. Ausg. 12. Bd., S 275, 19.)

Duns erörtert eingehend, daß der Begriff des Seins ein viel weiterer als der der Substantialität ist, weil unter ihn außer der letzteren auch das Sein der Accidentien, gerade wie außer dem göttlichen Sein auch das endliche fällt.

Wenn er auch nicht wie Roger Bacon nur das quantitative Sein, sondern das Sein als solches für das unserm Verstande erreichbare Denkobjekt ansieht, so haftet doch nach ihm unter allen Kategorieen der Accidentien nur die Quantität (die Körperlichkeit) der Substanz unmittelbar und einfach an, alle übrigen, auch die Qualität, nur vermittelst der Quantität, nämlich nur dadurch, daß sie Accidentien der Quantität der Substanz sind. (Rer. princ., qu. 19, art. 1.)

Die rein mathematische Auffassung der ganzen Welt, die wir bei Roger fanden, dauert bei ihm also fort. Sie scheint überhaupt eine Eigenthümlichkeit der Oxforder Schule gewesen zu sein. Denn wenn sie auch bei Occam der Hervorhebung der inneren Erfahrung weicht, so trägt sie doch der letzte große Zögling dieser Universität, dem wir begegnen werden, Hobbes, wieder an sich und sogar bis zur ausschließlich geometrischen Betrachtung aller Dinge verschärft.

Allerdings stellt Skotus in einem Betrachte doch wieder die Kategorie der Qualität der der Quantität voran und der Substanz am nächsten. Die Substanz trage und erhalte nämlich ihre Accidentien nicht bloß, sondern sei als wirkende Ursache derselben, und zwar sogar vielfach als willkürlich freie, auch vollkommener als die Accidentien, ihre Quantität sei aber ihre erste Formung, (denn ohne alle Accidentien sei sie noch nicht einmal generalisirt und specialisirt, geschweige denn individualisirt, und habe, bevor sie Formen mit ihrem Suppositum vereinc, gleich dem letzteren ihrer Quantität gegenüber als rein materielles Element zu gelten, wiewohl sie darum noch nicht mit dem Suppositum zusammenfalle; Ges. Ausgabe 12. Bd., S. 504, 11;) ihre Qualität sei hingegen erst eine spätere Formung, und die spätere Formung sei stets vollkommener als die frühere, weil sie der Individualität, also der

---

*) Die Duns als die wieder aufzurichtende Lehre des Avicebron bezeichnet (Rer. princ., qu. 8).

höchsten und wirklichsten Form näher stehe, und als die formreichere auch der Substanz höhere Aktivität gebe, sowohl hinsichtlich des Accidentienhabens wie nach außen. In der Vollkommenheit stehe also der Substanz selber ihre Qualität näher als ihre Quantität, in der Unmittelbarkeit der Verbindung mit der Substanz sei es umgekehrt. (Theorem. 7, und Bd. 12 b. Ges. Ausg., S. 503, 13.) Wichtig ist diese Bemerkung besonders darum, weil sie beweist, daß wirklich schon für Duns selber manchmal sich die unendliche Substanz mit dem nur ihr zukommenden Ursachesein oder Aktivsein oder Hervorbringen ganz in die endliche verliert.

Wilhelm von Occam.

Dieser kennt in der Wirklichkeit nur noch Einzeldinge. Das Dasein Gottes ist ihm nur Glaubensartikel. Da er nun seinen Substanzbegriff wie alle seine philosophischen Lehren nur nach der dem Verstande zugänglichen Wirklichkeit und nicht nach den unbegreiflichen Offenbarungswahrheiten einrichten will, kann derselbe natürlich nur noch auf die endlichen Substanzen passen. Auf Gottes Erforschung soll sich die Spekulation überhaupt nicht einlassen. (Centil. theol. init.) Individuirt, gegen einander verselbstständigt seien die Substanzen schon als solche. Schaffe eine Ursache ein Ding, so könne sie es nur als besonderes Individuum schaffen. (S. qu. 1 Sent. I, dist. 1.) Unentschieden bleibt, ob er hiermit nur das Allgemeine, d. h. die Gleichheit, gemeinsame gleiche Bestandtheile oder Seiten in den Dingen leugnen will (er ist radikaler Nominalist), oder auch den kausalen Zusammenhang zwischen den endlichen Dingen, Wechselwirkungen zwischen ihnen. Im Aufeinanderwirken der Dinge liegt unmittelbar schon die Grundlage des Gottesbegriffes eingeschlossen, wie sie oben aufgefaßt wurde, Einheit, allmächtiges Allumfassen und Einzigkeit des Grundes des Ganzen, zwischen dessen Stücken das Aufeinanderwirken sich abspielt, denn der Kausalzusammenhang setzt es als Ganzes voraus. In ihm könnte also doch eine rationelle Theologie wurzeln. Dieser spricht Occam aber jeden Boden im Erfahrungskreise ab.

Der Ausdruck suppositum kann bei Occam nicht mehr den Sinn behalten, in dem Thomas ihn gebrauchte. Für Occam giebt es gar nichts Allgemeines neben dem Besonderen, auch nicht in den Dingen, folglich auch keinen Wesensbegriff (Summa tot. log. c. 16), er kann darum auch nicht mehr ein Substrat und ein von Diesem zu empfangendes Wesen in den Dingen unterscheiden. Occam benutzt „suppositum" daher nach der Terminologie der „modernen Logik" (wie man Zusätze zu der logischen Tradition nannte, die schon im Laufe des 12. Jahrhunderts wahrscheinlich aus der Combination der Grammatik mit der Logik entstanden waren), um etwas ganz Anderes, nämlich „das von einem Begriffe oder Worte Bezeichnete, Vertretene, Bedeutete, Vorgestellte, Das, wofür ein Wort oder Begriff zum Zeichen gesetzt worden ist", auszudrücken. In diesem Sinne spielt suppositum bei Occam's außerordentlich klaren, eindringenden und feinen logischen Unterscheidungen der Wortbedeutungen eine große Rolle.

In der Behauptung, daß gleiche Wesensbestimmungen nicht einmal verbunden mit den unterscheidenden Individualbestimmungen in mehreren Dingen vorkommen könnten, war Durand de St. Pourcain schon Occam's Vorgänger gewesen.

Nikolaus Cusanus.

Erst bei Nikolaus taucht der lange vernachläſſigte Subſtanzbegriff für das Abſolute wieder auf, wobei Das an Gott in die ſchärfſte Beleuchtung gerückt wird, daß alle Verſchiedenheit (alteritas), alle Gegenſätze (contradictoria) von ihm zu leugnen ſind. Als All-umfaſſend iſt er das Größte, als das Sein in Allem und Jedem das Kleinſte, ja er iſt nicht nur das Sein, ſondern auch das bloße Können und das abſolute Nichtſein, weil er nicht ein beſchränktes Können iſt, wie das nur Sein-können wäre, ſondern auch das Nichtſein-können. Dies reine Können darf man am erſten noch ein Schaffen-können nennen. Eine Beſtimmtheit zeigt aber Gott trotz dieſer Erhabenheit über alle Gegenſätze, die Güte, weil Güte Nichts als das Allumfaſſen, das in Allem Mitſein iſt. Denn Sein iſt mehr als Nichtſein, alſo iſt gerade der Mangel jedes Mangels, d. h. jeder Beſtimmtheit Güte. Da alle anderen Dinge von ihm, durch ihn und zu ihm ſind, iſt er Anfang und Ende, wie Mitte der Welt, die ſich nur dadurch von ihm unterſcheidet, daß in ihr ſein abſolutes Können mit dem beſchränkten Bloß-Seinkönnen, der Materie, gemiſcht iſt. Er iſt darum die Einheit oder Selbigkeit, die Welt die Anderheit oder Verſchiedenheit, er die Complikation alles Seins, ſie deſſen Explikation, er poſitiv unendlich, ſie negativ nur endlos, er als Einfaches allſeitig, ſie als Ganzes aus unendlich vielen Theilen allſeitig. So iſt Gott freilich nicht Subſtanz im Gegenſatze zu Accidentien, aber wohl in Selbſtändigkeit und Einſamkeit, und ſo ſoll, obwohl er ſich darin mit Occam trifft, daß es keine zwei gleiche Dinge in der Welt gebe, doch jede endliche Subſtanz ein voller Spiegel Gottes und ſein Ebenbild ſein, von ihm unterſchieden nur durch die Anderheit oder Beſchränktheit in Theile, alſo ihre äußere Vielheit und innere Vielfachheit, d. h. durch die Bedingtheit. (de docta ignorantia, lib. I und II.)

Die Behauptung des Nikolaus, Gott ſei zugleich das Größte und das Kleinſte (welche ſpäter die Grundlage von Bruno's Syſtem geworden iſt), iſt ſicherlich nur aus der Auffaſſung entſprungen, Gott ſei das Abſtraktefte. Denn das Abſtrakteſte enthält ja alle minder abſtrakten Geſetze bis herunter auf die unendliche Zahl der Concreta in ſich, wie Gott die Geſchöpfe, iſt alſo das Größte. Es iſt aber auch umgekehrt in jedem Concretum, ja noch in jedem andern Abſtraktum, auch noch in den allerallgemeinſten dicht unter ihm enthalten, wie im Geſchöpfe ſeine Accidentien, iſt alſo das Kleinſte. Sein Begriff hat den größten Umfang und den kleinſten Inhalt.

Giordano Bruno.

Bruno führt dieſe Gedanken weiter, behandelt dabei aber den Subſtanzbegriff ſehr oberflächlich, halb wie ein poetiſches Bild, und an falſcher Stelle wieder logiſch, ſo daß er bei ihm ziemlich ſinnlos daſteht. Das All iſt eine Subſtanz, welche alle Dinge zu ihren Accidentien, alſo vorübergehenden Zuſtänden (circonstanzie) hat. Es ſoll nicht die Materie ausſchließen, noch die Dinge ihrer Selbſtthätigkeit berauben wie der Ariſtoteliſche Gott. Es verbindet nur alle Gegenſätze in ſich, löſt ſie aber nicht wahrhaft auf. Er denkt es ſich wie eine Seele, deren Empfindungen die Dinge ſeien. (della causa....., del infinito.....)

Daneben aber nimmt er als Keime alles Wirklichen metaphyſiſche Minima an, die unvergängliche Einheiten sind, und mannigfach wechselnde Zustände haben. Er nennt sie Monaden und versteht besonders die Seelen darunter. Diese kleinsten Theile alles Wirklichen sind aber dennoch aus etwas noch Einfacherem hervorgegangen, aus der Monas der Monaden, und diese ist wieder das All. Offenbar ist im letzteren Gedankengange, den die drei lateinischen Lehrgedichte enthalten, das Verhältniß des Alls zu den Dingen viel richtiger, und auch viel treuer nach Nikolaus, angesehen als in den zuerst berührten früheren italienischen Schriften, wo er es als etwas ganz Passives, als den unendlichen Äther oder den allgemeinen Verstand, und die Dinge als seine Zustände statt als seine abhängigen Gebilde oder Machwerke bezeichnete.

Hobbes.

Schon Francis Bacon hatte sich nach des Telesius Vorgange nur noch für das in der Erscheinungswelt interessirt, was er auf Massen und Bewegungen als objectives Correlat zurückführen zu dürfen meinte und überließ die höhere immaterielle, nur dem Menschen innewohnende Seele der theologischen Betrachtung.

Hobbes schreitet in dieser Richtung bis dahin fort, Substanz einfach mit Körper zu identifiziren, wofür er selber sich auf Tertullianus beruft, während er Roger Bacon unerwähnt läßt, und Aristoteles' Vorbild entschieden abweist, dem er nur Verwirrung in den Köpfen und Herzen derer zuschreibt, zu denen seine Ansichten gedrungen. In der That war der Aristotelische Körper ein tiefsinnigerer Begriff als der Körper bei ihm und Tertullianus. Sollte seine Substanzdefinition, meint Hobbes, auf Gott etwa nicht anwendbar sein, so sei dieser ja auch kein Objekt des Wissens, sondern des Glaubens. Denn auch er hält noch nicht auf den Glauben die Anwendung der Vernunftprüfung für zulässig, hierin ist er der letzte unter den großen Philosophen, mithin ist er der letzte große Scholastiker. (de civit. christ. XXXIV u. sonst.)

Wiewohl Substanzen, sollen dennoch selbst die einfachsten Körper nicht schlechthin untheilbar sein. Damit ist ihnen natürlich die Selbständigkeit genommen, denn ohne ihr Wesen zu verlieren können sie dann jeder Zeit aufgelöst werden. Sie sind keine Individuen, weder als Zusammenhänge, noch selbstverständlich als unabhängiges Wesen. Dadurch konnte ihm auch der Staat ein Körper sein. Der Substanzbegriff geräth bei ihm also eigentlich noch einmal zu seiner zweiten Form bei Albert, welche sich als Verwechselung von Substanz mit Substrat charakterisirt.

Alle Accidentien oder Qualitäten der Dinge waren für Duns Wirkungen der Dinge, für Hobbes sind sie ihre Wirkungen auf unsere Sinne, Wirkungen aber und alle realen Vorgänge sind Bewegungen. Die Hauptbewegung oder das Hauptaccidens eines Körpers kann sein Wesen heißen. Nennt man dies Wesen seine Form, so bekommt das Substrat dieser Bewegung, die „Substanz", den Namen Materie, die also nichts Anderes sein kann als Körper. Diesem legen wir nur in dem Sinne Subsistenz bei, daß er unabhängig von unserer Wahrnehmung bestehe, gegenständlich, objektiv sei. Die Objektivität, das wirkliche Außer-uns-sein ist nämlich, sobald es von uns empfunden oder gedacht wird, jene Anschauung, die wir Raum nennen, und daher giebt es in Wirklichkeit oder unabhängig vom

Bewußtsein nur Räumliches. Die Subsistenz des Räumlichen oder Körperlichen ist also bei Hobbes Nichts als dessen Wirklichkeit. (Seit Augustinus hatte Subsistenz Substanz Sein, seit Gilbert Schöpferische, formartige, ja von selbst seiende Substanz, bei Thomas endlich Das von selbst Sein, Selbstschöpfer Sein bedeutet.) Da jeder Körper einem gewissen Theile dieses bloßen Begriffes „Objektivität" unterliegt und ihn dadurch verwirklicht, nennen wir den Körper auch Suppositum oder Subjektum. Dieser Theil des imaginären Raums, dem der wirkliche Körper unterliegt, ist des letzteren Größe, seine Quantität. Weil ein und derselbe Körper mannigfaltige Bewegungen annimmt, also wechselnde Wirkungen auf unsere Sinne übt, so sagt man viele Accidentien von ihm als Subjekt aus, und nennt ihn insofern Substanz, so wie derselbe Mensch in Bezug auf seinen Vater Hypostase oder Substanz des Namens Sohn, und in Bezug auf seinen Sohn Subjekt oder Träger des Accidens Vater ist. Aber man irrt, wenn man diese verschiedenen Erscheinungen oder Beziehungen oder Wirkungen derselben Masse inneren Unterschieden in ihr zuschreibt, oder gar selber für ihre Qualitäten hält. Wie man mit dem Abstraktum „Röthe" nur diesen einen Eindruck von allen übrigen unterscheiden will, die ein konkretes Ding, das Rothe, uns außerdem noch macht, da dies doch auch ein hartes, schweres, großes, u. s. w. ist, so sagt man Substanz für Substantes, οὐσία oder auch εἶναι für ὄν, vita oder vivere für vivens, Essenz oder esse für ens, kurz man drückt sich abstrakt anstatt konkret aus, nicht um etwas Anderes, einen inneren Unterschied im konkreten Dinge, zu bezeichnen, sondern um das Konkrete statt nach allen seinen Beziehungen, nur nach einer einzigen Seite oder Betrachtungsweise zu bezeichnen. Essenz ist also der Name eines Dinges, zwar nicht nach seiner eigenthümlichen Erscheinung für ein bestimmtes Sinnesorgan, aber insofern es bloß als wirklich existirend und als Nichts weiter betrachtet wird. Erst im übertragenen Sinne kann man die Hauptbewegungen eines Dinges, also seine allerallgemeinste Bewegungsweise damit bezeichnen. In Wahrheit könne aber die Essenz keines Ens getrennt von diesem Ens existiren, und die Seele sei entweder nicht die Essenz des Thieres, wie doch Aristoteles behaupte, oder bestehe nach seinem Tode nicht mehr. (Molesworth's Ausg. 1839/45, 5. lateinischer Band.)

Man sieht, daß Hobbes sich das Wort Occam's: „Wo Eines ausreicht, ist es unnütz, Vieles anzunehmen" nicht umsonst gesagt sein läßt, und das Vereinfachen der mühseligen scholastischen Begriffsunterscheidungen äußerst durchgreifend und praktisch betreibt.

Bei seiner Gleichzeitigkeit mit Hobbes und dessen gründlichem Aufräumen in dem überlieferten Begriffsschatze der Scholastik war es kein so geringes Verdienst Deskartes', als es scheinen könnte, daß er die geistigen Einzelsubstanzen neben den körperlichen wieder aufnahm, und außerdem die zwei Arten des Substanzbegriffes mit vollem Bewußtsein ihrer Bedeutung und klarster Entschiedenheit wieder entwickelte, wie wir sogleich sehen werden.

Hobbes' ganze Denkweise bemerkt nur Größen- und höchstens noch Intensitäts-Verhältnisse, ja er setzt sich selbst diese wieder lediglich in geometrische um. Hierin ist er der Vorläufer Spinoza's, obwohl dieser schwerlich die erste Anregung von Hobbes dazu empfangen haben kann. Über der Betrachtung dieser Verhältnisse entgeht beiden ganz, was sich eigentlich so verhält, sie suchen gar nicht mehr nach einem Inhalte dieser formalen, vielleicht nur subjektiven Bestimmungen. So erleichtern sie sich wesentlich das Konstruiren der ganzen Welt.

Bei den hier übergangenen übrigen Weltweisen der Übergangsperiode zur neueren Philosophie ist vom Substanzbegriffe nichts Wichtiges zu erwähnen. Zwar versuchen sie Alle sich in sehr ausführlichen metaphysischen Konstruktionen zur Ableitung der wahrnehmbaren Thatsachen, aber ohne sich jemals die dabei benutzten Begriffe näher anzusehen. Denn ihr Interesse bei all ihren metaphysischen Untersuchungen geht nicht mehr auf diese selbst, sondern auf die damit zu begreifenden und womöglich vorher zu berechnenden bloßen Thatsachen der äußeren und inneren Welt, auf die Erscheinungen und ihre Gesetze, wie wir sagen würden. Darum wird in ihnen auch schon die Richtung mächtiger, diese rein thatsächlichen Gesetze, die sich vielfach als zunächst ganz unbegreiflich herausstellen, durch bloße Beobachtung statt durch Metaphysik zu ermitteln, und sich überhaupt nicht mehr mit der Frage abzuquälen, wie man die Erscheinungen denkend zu bearbeiten habe, um ein innerlich zusammenhängendes und verständliches Bild irgend einer Wirklichkeit aus ihnen zu gewinnen.

Die mystischen Spekulationen haben zu keiner Zeit eine Ausbeute für die Geschichte des Substanzbegriffes geliefert, weil auch hier die metaphysische Betrachtung Gottes nie selbst Etwas galt als Erkenntniß, sondern nur ein praktisches Ziel, die Annäherung des Menschen an Gott, vermitteln sollte.

Deskartes.

Deskartes definirt den Substanzbegriff folgendermaßen: „Substanz ist ein Wesen, welches so existirt, daß es zu seiner Existenz keines anderen Wesens bedarf". (Prinzipien der Philosophie, 1. Theil § 51.)

Hiermit ist Selbständigkeit, und zwar mehr im Sinne von Unbedingtheit als im Sinne von Untheilbarkeit in mehrere Wesen, aber doch in beider Art deutbar (da ein Wesen doch auch dann in gewissem Sinne anderer nicht bedürfte, wenn seine Auflösung nicht erst von diesen, sondern schon von seiner Natur selbst, unmöglich gemacht würde,) als einziges Merkmal der Substanz angegeben.

Deskartes unterscheidet sogleich ein einziges Wesen, welches zu seiner Existenz durchaus keines andern bedarf, nämlich Gott, von allen andern Substanzen, die zu ihrer Existenz allerdings keines andern Endlichen, keines Wesens gleich ihnen keines Einzelwesens bedürfen, wohl aber Gottes. (Ebendas. §§ 51 und 52.)

Zu dieser Unterscheidung bildet er vielleicht Andeutungen des bekanntesten Thomisten seiner Jugendzeit, des Jesuiten Suarez, weiter aus. Dieser hatte nämlich (Disp. XXXIII, s. 1) die Definition des Aristoteles für die Einzeldinge: „Was nicht von Anderm getragen oder enthalten wird, aber selber Anderes enthält" aus einander gerissen, und erklärte ihre erste Hälfte, die negative und darum absolute Bestimmung: „Was nicht von Anderm getragen wird, oder was nicht in Anderm ist, oder was von allem Andern getrennt besteht", mit Recht für das eigentliche Wesen jeder Substanz, da sie genüge, um auch die zweite Hälfte zu begründen, wo diese sich finde, den positiven Inhaltstheil der Substanz nach Aristoteles, wodurch sie bloß relativ zu den Accidentien bestimmt wird. Die strengere negative Definition gebe dem Worte Substanz jenen Nebensinn von Festigkeit, nach welchem sie auch Anderes ebenso wie sich müsse stützen und tragen können, schließe aber das Stützen nicht ein und passe darum auch auf die Substanz im vollkommensten Sinne, welche nicht gleich den übrigen Substanzen die andere, die positive und relative Bestimmung dulde, auf Gott. Was hingegen auf diese zweite Art Substanz sei, nämlich „Was selber Anderes trägt oder worin Anderes ist", das könne selber wieder eines Trägers bedürfen, sei also nur in einem unvollkommeneren Sinne Substanz, so lange ihm nicht die negative, wesentlichere Seite der Substanz beigefügt worden sei.

Offenbar entspricht Suarez' negative Art Substanz genau Deskartes' göttlicher Substanz, und Suarez' positive Art Deskartes' Einzeldingen.

Mit solchem negativen Begriffe von Substanz wie dem Kartesischen ist zugleich sein Korrelat gesetzt: die Bestimmtheiten oder Beschaffenheiten bedürfen zu ihrer Existenz einer Substanz, können folglich nur von der Substanz bedingt, nur in ihr existiren. Sie bezeichnet Deskartes, falls sie das Wesen ihrer Substanz ausmachen und ihr darum untrennbar anhaften, als Attribute, falls sie aber zufällige Zustände ihrer Substanz sind, also wechseln können ohne daß darum ihre Substanz eine andere würde, als Qualitäten oder Accidentien oder Modi (§ 56). Jedes Attribut ist dem Deskartes als begriffliches Wesen von Dingen auch ein allerabstraktester Gattungsbegriff, der also ganz selbständig, ohne einen noch umfassenderen Begriff zu denken wäre, wenn er nicht, wiederum gerade als abstrakt, nur Prädikabile von Anderm, den Substanzen, sein könnte. Spinoza vergißt dies Zweite und macht das Attribut wirklich selbständig, er identifizirt es mit der Substanz.

Der Unterschied zwischen Deskartes' Attributen und Modis der Substanz ist derselbe, den Aristoteles mit Form und Materie des Dinges oder δευτέρα οὐσία und συμβεβηκότα bezeichnete, nämlich der des Wesentlichen und des Zufälligen am Dinge. Das Ding wird nun aber zum Dinge gemacht nur durch das Wesentliche an ihm, und so setzt Deskartes und noch entschiedener später Spinoza die Attribute als das Wesentliche am Dinge oft einfach dem Dinge selbst gleich. Heute pflegt man Alles, was Korrelat zur Einzelsubstanz ist, als Accidentien zu bezeichnen, wohl weil die Essenz eben fast selber die ganze Substanz bedeutet, und auch vorliegender Aufsatz ist diesem ungenauen Sprachgebrauche gefolgt. In der Scholastik waren die Accidentien jedoch nur die nicht essentiellen Bestimmungen der Substanz.

Von Gott und von den Geschöpfen gilt obige Definition der Substanz danach in ganz verschiedenem Sinne. Offenbar nur von Gott in ihrem schärfsten, eigentlichen, von den Geschöpfen in einem abgeschwächteren, der zwischen jenem eigentlichen Substanzbegriffe und seinem Gegensatze, dem eben angegebenen Beschaffenheitsbegriffe, in der Mitte steht.

Gott kann im Unterschiede von allen übrigen Substanzen auch nur Attribute haben, aber keine vergänglichen Qualitäten oder Modi. Denn in ihm ist keine Veränderung möglich (§ 56), trotzdem alle endlichen Substanzen in ihm sind, und damit auch alle zeitliche Veränderung ganz in ihm sich vollziehen muß. Deskartes scheint daher von der bestimmten Voraussetzung ausgegangen zu sein, obwohl er sie vielleicht nirgend ausgesprochen hat, daß Gott als diejenige Substanz, in welcher alles Andre ist, auch die Zeit und die Veränderungen in derselben in sich enthält und demnach selber nicht in der Zeit ist, d. h. daß die eigentliche Substanz unzeitlich ist, also auch nicht von den Veränderungen innerhalb der Zeit berührt werden kann, mag sie auch schließlich deren einziger Urheber sein. Minder bewußt ist er sich dessen geworden, daß Gott neben der zeitlichen Bestimmtheit überhaupt sämmtliche Beschaffenheiten oder Bedingtheiten kraft seiner Unbedingtheit hinter sich läßt, obwohl, ja gerade weil er sie einschließt oder schafft. Wer wird sich darüber wundern, daß Deskartes, der ja die andere Richtung erst wieder neu entdecken mußte, die von dem Aristotelischen Substanzbegriffe noch außer der von Aristoteles selbst eingeschlagenen ausläuft, auf diesem gleichfalls höchst ergebnißreichen Wege noch nicht bis zu den entfernteren Konsequenzen gekommen ist, zu denen er auch hinsichtlich des Gegensatzes der Substanz führt, daß nämlich wie der Substanzbegriff in die beiden: Schöpfer und Geschöpf, nun auch der Beschaffenheitsbegriff in die entsprechenden zwei: Welt oder Summe der Geschöpfe und Eigenschaften (Accidentien) dieser Geschöpfe gespalten werden müsse, und daß die Eigenschaften nicht abermals von ihren Substanzen, den Geschöpfen, bedingt seien. Er bemerkt nicht, daß alle die Attribute, die man Gott zuspricht, sobald sie nicht seine Geschöpfe sein sollen, nur scheinbar positiv, in Wahrheit aber gerade die Negationen bestimmter Eigenschaften sind, was doch schon Augustinus bemerkt hatte.

Alle Substanzen im zweiten, abgeschwächten Sinne, theilt Deskartes sofort wieder in zwei oberste Gattungen: die Beschaffenheit der ersten Gattung ist ganz und gar Bewußtsein, die Natur der zweiten durchaus nur Ausdehnung. Die Dinge der ersten Art sind die Geister, die der zweiten die Körper. Beide Gattungen erscheinen dem Deskartes, namentlich in erkenntnißtheoretischer Hinsicht, d. h. hinsichtlich der Art und der Sicherheit mit der wir sie erkennen, so verschieden, und dieser Verschiedenheit gegenüber erscheinen ihm alle Dinge derselben Gattung so gleichartig, daß er gewöhnlich nur von der denkenden Substanz und der ausgedehnten Substanz wie von den beiden einzigen Bestandtheilen oder Seiten der Welt spricht (§§ 53 und 54).

Seine Meinung dabei, wie sie wenigstens nach seiner Definition für die geschaffenen Substanzen sein müßte, ist doch offenbar jedes Mal: die Gattung der denkenden Dinge, und das Reich der körperlichen Substanzen. Oder man muß annehmen, daß diese inkonsequente Ausdrucksweise, die er aber entschieden vorzieht, vielleicht uns seine Substantiirung der Einzeldinge möglichst wieder vergessen machen soll und uns darauf hinweisen will, daß die endlichen Geister und die Körper doch nur in eingeschränktem Sinne für ihn Substanzen sind. An ein Wiederauftauchen der alten Universalien, welche das Gesetz oder den Wesensbegriff substantiirten, ist bei ihm nicht zu denken. Das begriffliche Wesen faßt er, wie gesagt, nur als relativ selbständig, nämlich als Attribut auf. Aber er neigt sehr dazu, beim Wesensbegriffe das selbständige Wesen, das hinter jedem Wesensbegriffe oder Gesetze liegt und ihm seine zwingende Macht verleiht und nicht die davon beherrschten Einzelwesen noch deren Gesetz ist, allein zu beachten, obwohl er es sehr genau davon unterscheiden kann, wie er ihm ja auch erst wieder zu seinem Rechte als Substanz verholfen hat.

Freilich ist aber erkenntnißtheoretisch die Art, wie ich mein Bewußtsein erkenne, eine völlig andere als die in der ich mich vom Dasein der Körper überzeuge. Daß mein Bewußtsein sei, ist mir unmittelbar gewiß, ja es ist das einzige unmittelbare Gewisse, und alles Andere sind erst Folgerungen daraus. Es ist darum der selbständige Grundstein des ganzen Gebäudes der Philosophie Deskartes', aus dem alle seine andern Überzeugungen von ihm erst abgeleitet werden, es ist der feste Punkt, von dem aus er sich die ganze Welt für seine Einsicht erobert. Unsere Erkenntniß vom Dasein der Körper dagegen gehört erst zu diesen Folgerungen aus jener unerschütterlichen Ureinsicht, und keineswegs zu den nächsten und einleuchtendsten. Erst nach manchem Für und Wider gelangen wir dazu, uns über die Frage nach dem Dasein der Körper zu entscheiden. Nicht minder jedoch wird durch diese Unsicherheit ihrer Wirklichkeit die Existenz auch anderer Geister außer mir in Frage gestellt. Ja vielleicht ist deren Dasein auch dann noch nicht einmal festgestellt, wenn das der Körper schon gegen jede Anzweiflung gesichert worden ist. Diese doppelte erkenntnißtheoretische Stellung der denkenden Substanzen gegenüber allen ausgedehnten stört indessen Deskartes nicht darin, hauptsächlich nur den Unterschied zwischen denkenden Dingen und ausgedehnten im Allgemeinen zu betonen, und darüber die Scheidung jeder Gattung in viele Individuen weniger zu beachten.

In erkenntnißtheoretischer Hinsicht bemerkt Deskartes noch über alle Substanzen, daß sie nicht unmittelbar wahrzunehmen seien, sondern nur durch Wahrnehmung ihrer wesentlichen, untrennbaren Bestimmtheiten, also der Attribute (§ 52). Aus diesen erschließen wir aber mit Nothwendigkeit auch ihr Dasein, eben weil die Beschaffenheiten nicht ohne Etwas sein können dem sie zukämen, oder von dem sie doch bestimmt würden. Auch hieraus geht hervor, daß Deskartes den Begriff der endlichen Substanz in seiner Eigenart deutlich festhielt, so sehr es ihm darauf ankam, daneben den allgemeinen Substanzbegriff auch auf Gott anwendbar zu machen. Wäre die Selbstgenügsamkeit der endlichen Substanz ihren Eigenschaften gegenüber als Bestimmungsmacht über dieselben zu verstehen, so wäre sie neben ihren Eigenschaften ein besonderes Wesen eigenen Inhaltes, wie Gott es neben den Geschöpfen ist und könnte nicht wie dieser durch seine Unendlichkeit unserer Erkenntniß entzogen sein. Da sie endlich ist, wäre es unbegreiflich, warum wir ihren eigenen Inhalt nicht so gut wie ihre Eigenschaften erkennen. Wenn wir von der endlichen Substanz dagegen nur ihre Eigenschaften erkennen können, auch bei höchster Vollendung unserer Erkenntniß, kann sie auch nichts Anderes sein wie ihre Eigenschaften als Ganzes gedacht, und wenn Deskartes jenen Umstand ausdrücklich hervorhebt, so kann er ihre Selbstgenügsamkeit diesen gegenüber nur als Ganzheit den Theilen gegenüber gemeint haben. So erkennen wir denn das Dasein eines Körpers nur, indem wir eine bestimmte Gestalt erkennen, das Vorhandensein eines Geistes erfahren wir nur daraus, daß wir Gedanken von ihm empfangen, also sein Denken wahrnehmen, und so können wir die einzige Substanz im vollen Sinne, Gott, bloß an und in ihren Geschöpfen erkennen, wir erschließen ihn also nur aus der Welt, und können ihn nicht unmittelbarer geoffenbart finden.

Die wichtigste Folge für den Substanzbegriff aus Deskartes' Definition desselben ist die Einzigkeit der Substanz im eigentlichsten Sinne, nämlich alles Dessen, was wahrhaft durch sich selber selbständig ist (nicht alles Selbständigen, denn selbständig durch ihre Natur, durch ihr Gesetz, also nicht unabhängig selbständig sind auch die Dinge, die nicht durch sich selber da sind). Denn (sagt Deskartes im dritten Satze des § 51) was nur durch sich selber sein soll, kann nur ganz allein sein, kann nur ein einsames Wesen sein. Ein zweites solches Wesen würde entweder für das erste nicht da sein, also nicht zu derselben Welt gehören wie dieses (und damit für uns ewig unwirklich bleiben, die wir zur Welt des ersten gehören müssen, weil wir es erkennen). Oder das zweite unbedingte Wesen würde das erste bedingen müssen, um ihm bemerklich zu sein, damit aber das Kennzeichen des ersten aufheben, nur durch sich selber zu sein. Was als wirklich erkannt werden soll, muß eben wirken, muß das Erkennen bestimmen.

Etwas, was durch sich selber besteht, ist doch eben hierum schon auch der einzige Grund seiner Zustände. Denn würden ihm diese von Außen anbestimmt, so könnte es sie nicht beliebig umschaffen und selbständig bestimmen, während es doch sein ganzes Dasein selbstschöpferisch schafft und erhält, wenn es nur durch sich selbst besteht. Ja es muß sich selbst vernichten und wieder aus dem Nichts erschaffen können, oder es bestünde nicht von selber, sondern durch Daseinsgesetze, also durch eine höhere Macht, der es unterworfen wäre und von der es abhinge. Daß dies Deskartes' Ansicht in Wahrheit gewesen ist, dies allein macht es erst begreiflich, wie er § 20 zu seinem einen Gottesbeweise es als selbstverständlich ansehen kann, daß wenn ich von mir selbst wäre, ich mich müßte schaffen können nicht bloß so vollkommen als ich wirklich bin, sondern noch in jeder höheren Vollkommenheit, welche ich mir denken kann. Dies muß doch auffallen und bleibt unbegreiflich, wenn man nicht jene Konsequenz aus dem Von-selber-dasein zieht und von Deskartes gezogen denkt. Etwas wirklich Unbedingtes kann folglich keine Wirkungen von Außen erleiden, diese würden eben nicht aus ihm sein und doch zu ihm gehören. Es selbst wäre dann nicht aus sich. Ein zweites nur durch sich selber wirkliches Wesen neben ihm würde entweder des ersten Selbständigkeit als einen bloßen Schein erweisen, oder es würde sich ihm gar nicht verrathen dürfen. Was wie die Deskartes'sche Substanz zu seiner Existenz keines andern Wesens bedarf, kann von einem solchen auch niemals Etwas verspüren. Etwas wirklich Absolutes muß allein sein. Irgend Etwas von der Wirklichkeit muß doch schließlich von selbst oder selbständig sein, und da dies Selbständige oder Dinghafte nur Eines in der Welt sein kann, kann die ganze Welt nur dies einzige Ding (dieser unendlichen Art) sein. Denn Was in ihr noch ist, ist nicht von sich, und Was in ihr nicht von sich ist, muß von ihm sein und kann von ihm jederzeit zurückgezogen werden.

So viel wichtiger dem Deskartes diese Ausgestaltung des Substanzbegriffes für die unendliche Substanz war und sein mußte, so ist sein Name doch auch für die Geschichte des Begriffes der endlichen Substanzen von besonderer Bedeutung.

Hatte man sich bisher damit begnügt, die Vereinigung vieler Bestimmungen zu einer Einheit, welche man als die erfahrungsmäßige Beschaffenheit der endlichen Substanzen anerkennen mußte, als eine unbegriffene, vielleicht unbegreifliche Thatsache hinzunehmen, so bemühte sich Deskartes für diese Thatsache die Erklärung zu finden, indem er inhaltlich das Wesen der Substanzen so zu bestimmen versuchte, daß daraus das untrennbare Aneinandersein der ganzen Vielheit der Bestimmung einer Jeden als nothwendige Folgerung flösse. Er wurde dazu von seinem festen Vertrauen geleitet, daß das Gewebe der Wirklichkeit bis in seine letzten Zusammenhänge dem Verstande erfaßbar und in die Form der logischen Konsequenzen zu bringen sei.

Für die körperlichen Substanzen erschien ihm dies Unternehmen damit gelungen, daß er ihr Wesen als die Undurchdringlichkeit erfaßte. Ihr Ausgedehntsein im heutigen Wortsinne vor Allem lag ja in dieser Bestimmung ohne weiteres. Während es bei der damaligen Bedeutung dieses Wortes grundfalsch ist zu sagen, Deskartes habe die bloße Ausdehnung als das Wesen der Körper gesetzt. Allerdings bezeichnet er deren Wesen mit Vorliebe einfach als Ausdehnung wegen des Gegensatzes zu dem Bei-sich-sein des Bewußtseins. Jedoch die bloße Ausdehnung, der leere Raum, kann nach seiner Ansicht, die ganz die scholastisch-Aristotelische (s. S. 15 oben) ist, in der Wirklichkeit nicht vorkommen, darum will er, wenn er auch bloß Ausdehnung sagt, damit doch immer Erfülltheit bezeichnen, welche nichts Anderes an diesem Orte sein läßt, d. h. Undurchdringlichkeit. Wurden die Körper als Undurchdringlichkeiten und weiter Nichts, und folglich als Untheilbarkeiten, als unzerstörbare Atome ohne innere, eigene Zustände gefaßt, so war dadurch ferner gesagt, daß sie Gestalt haben müssen (eben jenen Raumtheil, welchen sie undurchdringlich gegen andringende andere Körper erfüllen sollten), sowie daß sie Beweglichkeit haben und eine Mehrzahl sein müssen, denn Undurchdringlichkeit setzt doch Etwas voraus, was in den Raum sonst eindringen könnte, also eine Theilung des Raumes in bewegungsfähige Atome, die sich gegenseitig durchdringen könnten, aber statt dessen daran hindern. Endlich war damit auch gegeben, daß sie aufeinander einwirken müssen, nämlich durch Aneinanderprallen oder Stoß, denn bei diesem würde ihre bisherige Richtung und Geschwindigkeit verlangen, daß sie einander durchdringen, dies können sie nicht und so muß sich ihre bisherige Richtung oder Geschwindigkeit oder Beides beim Zusammenstoßen ändern, und zwar so, daß ihre Bewegung, die nach dem Trägheitsgesetze nicht verloren gehen, sondern sich nur anders wohin richten und anders unter ihnen vertheilen kann, mit der alten Gesammtgeschwindigkeit*) anzudauern vermag. Auf diese einzige Art des Aufeinanderwirkens der Atome, nämlich nur bei einer Berührung und nur durch äußeren Stoß, hofften aber die Physiker lange Zeit alle Veränderungen der Dinge, alle ihre physikalischen Kräfte und qualitativen Unterschiede zurückführen zu können. Erst als Newton's Schüler Cotes den Atomen eine ursprüngliche Anziehungskraft in die Ferne zuschrieb, und danach Boscovich die Undurchdringlichkeit derselben durch eine gleichfalls fernwirkende Abstoßungskraft ersetzte, so daß das Atom nicht mehr durch Stoß wirkt und folglich nicht mehr starr einen sich bewegenden Raum einzunehmen, sondern nur der mathematische Punkt zu sein braucht, nach welchem hin oder von welchem aus seine Fernkräfte wirken, verlor jene mechanische Auffassung der physikalischen Vorgänge die Alleinherrschaft, die sie während des 17. Jahrhunderts besessen hatte. Zwar hatten die mechanistischen Physiker bei ihren Bemühungen weniger Deskartes' als Gassendi's Theorie im Sinne, für welche die Ableitung aller physikalischen Erscheinungen aus Stoßvorgängen ebenso wichtig ist als für die Kartesische, und welche sich von der Kartesischen nur darin unterschied, daß sie außer oder zwischen die je einen Raumtheil undurchdringlich erfüllenden Atomen noch leeren Raum annahm, weil diese Annahme nicht nur ein natürlicherer Gedanke war, sondern auch viele Schwierigkeiten beseitigte. Aber Gassendi's Ansicht ist weder älter als die Deskartes', noch leistet sie metaphysisch eine ebenso gute Erklärung dafür, wie es möglich sei, daß die vielen Bestimmungen eines jeden physikalischen Körpers dennoch in ihm als eine Einheit beständen und nicht eine Vielheit blieben, auf welche Erklärung es beiden Theorien doch vornehmlich ankam. So bald man zugiebt, daß der Raum nicht seiner Natur nach undurchdringlich ausgefüllt gedacht werden muß, wird die Undurchdringlichkeit eine zur Ausdehnung äußerlich hinzugefügte zweite Bestimmung (während Der, welcher den Raum schon an sich undurchdringlich denken zu müssen vorgiebt, wie Deskartes, natürlich keinen leeren Raum mehr annehmen darf), und man kann

---

*) (oder, wie man jetzt sagen müßte, mit der alten Gesammtsumme an lebendiger Kraft, die aber Deskartes noch einfach für proportional der Geschwindigkeit bei gleichbleibender sich damit bewegender Masse hielt,) selbst meinen, auch die Beweglichkeit der undurchdringlichen Raumtheile erscheine bei Deskartes, wo sie nur auf einen Platzwechsel zweier schon gleich undurchdringlicher Raumtheile hinauskommt, viel selbstverständlicher mit der bloßen Undurchdringlichkeit gegeben (S. 149) als bei Gassendi, wo die Beweglichkeit sich als die Übertragbarkeit der Undurchdringlichkeit von dem undurchdringlichen Raumtheile an jeden andern darstellt. So ist der metaphysischen Forderung, die verschiedenen Äußerungen und Eigenschaften jedes Atoms als Einheit zu fassen, und deßhalb aus einem einzigen Merkmale abzuleiten, in welches man dann nur das Wesen des Atoms zu setzen braucht, von Gassendi nicht entfernt so vollkommen genügt als von Deskartes. Das Wesen von Gassendi's Atomen besteht mindestens aus zwei, wenn nicht aus drei Bestimmungen (Ausdehnung, Undurchdringlichkeit, Beweglichkeit), enthält also jedenfalls noch die Vielfachheit, deren Einheit doch gerade durch ihre logische Verwandlung in eine Einfachheit, worin die Vielfachheit nur keimartig als Folgerung liege, erklärt werden sollte.

Mag man Deskartes' Lösung dieses Problems für abgethan ansehen, oder ihr, wenigstens was ihre physikalische Unterlage betrifft, noch nicht alle Aussichten absprechen nach dem heutigen Stande der Molekularmechanik, welche nicht bloß die Wärme-Expansion der Gase in die vielen mechanischen Stöße ihrer Moleküle auf die umgebenden Körper aufgelöst hat, sondern auch die Gravitation der Körperatome in ihr Aneinandergedrängtwerden durch den Äther aufzulösen versucht (Euler, Secchi), jedenfalls ist seit Deskartes noch kein auch nur im formalen Anscheine so gelungener Lösungsversuch wieder aufgetaucht.

Was hiermit für die Körper Deskartes geleistet zu haben meinte, das wurde für die andere Kartesianische Unterart der endlichen Substanzen, für die Geister erst durch Kant unternommen. Dieser glaubte, alle die verschiedenen Funktionen des Geistes aus einer einzigen, allerdings nicht innerlich einfachen Grundbeschaffenheit desselben entwickeln zu können, wenn er das Wesen der geistigen Substanz als die synthetische Einheit der Apperception bestimme.

Die Begreiflichkeit der Geister als untheilbarer und doch mannigfacher Einheiten so der unmittelbaren Einsicht aufzudecken wie die der Körper, gelang Deskartes nicht. Gerade bei den Geistern aber mußte sie seinem Systeme nach vorhanden sein, wogegen er es bei den Körpern keineswegs vorher wissen konnte. Er war gewiß, daß das Wesen jedes Geistes logisches Denken sei, dessen Natur mußte also rational sein, auch wenn man noch nicht nachweisen konnte, wie. So erschienen ihm Geister wie Körper beide von vollkommener, aber verschiedenartiger Rationalität. Nur von den thierischen Seelen wußte er eine solche weder unmittelbar aufzuzeigen, noch a priori als nothwendig zu beweisen. Denn auch sie noch unter die Gattung „Denken" zu befassen war unmöglich.

Dies wird wohl der Grund sein, warum er aus Körpern und Geistern zwei verschiedene Gattungen der endlichen Substanzen macht, aber nun mit der willkürlichsten Gewaltsamkeit die Thierseelen dennoch nicht als Einzelsubstanzen dritter Art anerkannt, obwohl ihre Funktionen vom Geiste durch dessen Charakterisirung als logisches Denken ausdrücklich ausgeschlossen sind, und dem Körper seiner Natur nach erst recht nicht zukommen können, und obwohl dann ein Thier gar nicht mehr eine Einheit ist, da sein Leib ja nur eine aus vielen Körpern zusammengefügte automatische Maschine ist. Im Systeme Deskartes' sollte eben Alles rational sein, darum paßten thierische Seelen nicht hinein.

Viel beigetragen hat freilich zu der Zweitheilung der Gattung „Geschaffene

Substanz" sicher noch der äußere Grund, daß erkenntnißtheoretisch die Unterscheidung zwischen sinnlichen und nicht sinnlich wahrnehmbaren Dingen sich geradezu aufdrängt. Auch eine alte Tradition legte sie nahe, sie lag schon dem Fons Vitae des Avicebron aus dem 11. Jahrhundert zu Grunde und war durch David von Dinant in die Scholastik aufgenommen worden. Der Hauptgrund kann dieser erkenntnißtheoretische Gesichtspunkt aber nicht gewesen sein, da von ihm aus die Thierseelen eben so gut wie die Geister Substanzen sein und mit ihnen eine Art bilden würden. Denn das nicht sinnlich Wahrnehmbare ist für Deskartes nicht etwa das dem Denken Wahrnehmbare, sondern das innerlich unmittelbar Anschauliche, (in welcher Zurückführung aller Erkenntniß bloß auf äußere und innere Erfahrung schon Occam sein Vorgänger ist), dem Denken ist das Sinnliche und das innerlich Wahrnehmbare ganz gleich zugänglich, wie ihm überhaupt Alles gemäß und erkennbar ist, selbst Gott.

Deskartes sieht die Körper nur als starre geometrische Figuren, und die Geister (unbeschadet ihres freien oder genauer willkürlichen Willens, welchen er als ein Urtheilen auffaßt,) nur als logische Wesen, als trockene Mathematiker an, und so spielt in seine Scheidung der endlichen Substanzen in körperliche und geistige vielleicht endlich noch ein Antheil an dem rein geometrischen Denkungszuge aller ihm benachbarten großen Philosophen, des Hobbes, des Spinoza und auch des Malebranche hinein, trotzdem sich in ihm neben diesem Zuge ein viel offener Blick für das menschliche Innenleben findet, wie sich ja auch dieser Zug in Malebranche mit mystischer Anschauung verträgt.*) Für einer ein geometrische Auffassung muß die Wirklichkeit entweder wie das Objekt der geometrischen Anschauung beschaffen sein, oder aber diese Anschauung selbst sein. Bei Hobbes ist nur ersteres der Fall, bei Deskartes und seinen Nachfolgern bis Spinoza beides, und zwar bei Spinoza in der Durchführung am sichersten und erkennbarsten festgehalten.

Geulinx.

Deskartes hatte sich endlich wieder über die Einseitigkeit erhoben, in welcher die ganze Periode, die ihn von dem Höhepunkte der Scholastik trennt, nur für die endlichen Substanzen den wissenschaftlichen Begriff zu bewahren vermocht hatte, und er that es, ohne darum das Maaß zu verlieren und ins andere Extrem zu fallen, bei seinen Nachfolgern aber trat alsbald der Rückschlag gegen die vorangegangene lange Herrschaft jener Einseitigkeit ein, in ihren Systemen gewann immer entschiedener die entgegengesetzte Einseitigkeit das Übergewicht, bis Spinoza's System die Substantialität des Absoluten bis zur Leugnung aller bedingten Substanzen zuspitzte.

Schon Geulinx hob alle geschaffenen Substanzen auf. So wenig vermochte er mehr sich Substanzen durch andere Prädikate als das der Unabhängigkeit bestimmt zu denken. Ganz machte er sich dabei vom Begriffe der geschaffenen Substanz aber doch nicht los, sondern blieb so inkonsequent, von den endlichen Dingen

---

*) Der große Plan, den Deskartes sein Leben lang verfolgte, durch Verschmelzung der logischen Methode mit der algebraischen, und dieser verbundenen noch mit der geometrischen eine Mathesis universalis, eine Grundwissenschaft zum Betreiben aller übrigen Wissenschaften zu schaffen, der bis zu der Erfindung der analytischen Geometrie gedieh, legt Zeugniß dafür ab, wie nahe auch er bis an die rein geometrische Betrachtung der Welt streift.

ihre Gegensätzlichkeit in das unbedingte Substantielle zu übernehmen, wenigstens die zwischen Geistern und Körpern und in beiden überdies noch die Verschiedenheit vieler Beschaffenheiten oder Accidentien. Er nahm zwei unendliche Substanzen an, Gott und den unendlichen Körper. Die endlichen Geister sind Accidentien von jenem und nicht einmal wesentliche, er kann sie entbehren, die endlichen Körper sind die bloßen Modifikationen von diesem. (Ethica, Ausg. 1709.)

Malebranche.

Malebranche erkannte, daß diese Auskunft von Geulinx, den vermeintlichen Dualismus zwischen Gott und den endlichen Substanzen (den nur die abermals, aber entgegengesetzt wie früher sich bildende Verkennung des gänzlichen Artunterschiedes zwischen beiden Substanzen sich einbildete) in Gott selbst hinein zu verlegen, mit dem Begriffe der Unabhängigkeit unvereinbar sei, würdigte aber auch Geulinx' Bedenken, eine so tiefe Kluft wie die zwischen körperlichem und geistigem Sein innerhalb der Einheit einer Substanz für statthaft zu halten. So ließ er die Körper als geschaffene Substanzen bestehen, und schloß nur die Geister in Gott ein als von ihm umfaßte Modifikationen. (Recherche de la vérité, I. III und IV.) Die Frage, wie das unendliche, unbeschränkte Sein Gottes sich zu irgend welchen Modifikationen beschränken könne, ohne diese Modifikationen in ihrem absoluten Widerspruch zu seinem verschiedenheitslosen Wesen auch sogleich ganz aus sich herauszustellen, und in eine relative Selbständigkeit neben sich zu setzen, also ohne sie sogleich zur Welt, zu seinen substantiellen Geschöpfen zu machen, diese Frage hat weder Geulinx noch Malebranche sich dabei vorgelegt.

Bei Deskartes waren die Körper und Geister noch nicht die modificirenden Accidentien oder Prädikate Gottes, die mit Nothwendigkeit aus seinem Wesen erfolgen müßten, so daß er ohne irgend welche von ihnen, wie ein Einzelding ohne irgend welchen Zustand nicht sein könnte, sondern sie waren als seine Geschöpfe frei von ihm erschaffen, willkürlich von ihm bestimmt. Nicht einmal ihre kausale Abhängigkeit von einander war aus ihrer Natur erklärbar und ihre nothwendige Eigenthümlichkeit, sondern wurde ihnen nur als Wunder durch Gottes Willkür beigelegt, und in dieser Hinsicht hat auch Geulinx den Pluralismus vertreten und sogar erst bis in jede Konsequenz durchgebildet.

Zwischen den Gegensätzen oder Korrelaten beider Substanzen, also zwischen den beiden Arten des Unselbständigen hatte freilich auch Deskartes niemals deutlich den Artunterschied eingesehen, obwohl er doch ein nothwendiges Ergebniß aus dem Artunterschiede der Substanzen selbst ist, und auch von Albert und Thomas einstmals, ja von Gilbert schon scharf bezeichnet worden war. Deskartes schrieb dem allmächtigen Schöpfer nicht blos Geschöpfe oder Werke, sondern auch, nicht wie die Nachfolger als jene, vielmehr neben jenen, Attribute zu (nicht etwa bloße Zustände oder Modifikationen), also unentbehrliche Wesenseigenschaften, ohne welche er nicht Gott sein würde, die ihn erst zu dem machen, was er ist. (Diese Ansicht liegt auffallender Weise auch bei Thomas als Abhängigkeit des göttlichen Wollens vom göttlichen Erkennen vor, in unvereinbarem Widerspruche mit Thomas' Charakteristik der Substantialität Gottes als der Unbedingtheit schlechthin.) Als ob Gott nicht auch sein Wesen erst frei sich bedingte, und zwar gerade nach Deskartes selbst. Schon Duns Skotus und Occam hatten es eingesehen, daß Gottes Wesen von seiner unbedingten Willkür abhänge, und er selbst sich erst seine Erkenntniß schaffe, nur daß beide den hohen Werth dieser Bestimmung dadurch wieder verderben, daß sie den Unterschied zwischen Gott und Einzelsubstanzen förmlich absichtlich verdecken, und ersterer Gott allzusehr den Menschen anzuähnlichen, letzterer gar Gott überhaupt aus der Wissenschaft zu verdrängen sucht. Deskartes führte ihre Einsicht reiner durch, und sah dennoch nicht, daß er mit nothwendigen Attributen Gottes sein Wesen wieder zum Ersten, Ursprünglichen in ihm mache. Mit den göttlichen Attributen hatte schon Deskartes der alten, einstmals sofort als verkehrt erkannten Lehre des Erigena wieder einen Zugang geöffnet, er brauchte nur wenig von seinem Nach= folger erweitert zu werden, und die Einzeldinge als Accidentien Gottes (statt als Geschöpfe) konnten durch ihn wieder einschlüpfen.

Spinoza.

Bis zu den äußersten Konsequenzen hat die ausschließliche Deutung des Substanzbegriffes auf das absolut Bedingende erst Spinoza durchgeführt, und seine einseitige Ausbildung dieses Momentes in jenem Begriffe auf Kosten des entgegengesetzten führt ihn auf einen Gipfel des Monismus, von wo man die Vielheit, ja nur die Vielfachheit nicht nur in Gott, sondern eigentlich auch in der Welt unbegreiflich nennen muß.

Spinoza betont dabei stets die genaue Parallelität, die nach seiner Über= zeugung zwischen Sein und deutlichem Denken besteht. Sie hängt mit der völligen Passivität oder Bestimmtheit zusammen, in der wir bei ihm das All und so auch unseren Geist und Verstand finden werden. (Jedem corpus simpli- cissimum entspricht seine idea.) So definirt er die „Substanz" von vornherein doppelt:

 als Das was in sich ist, und als Das was aus sich (per se) begriffen wird. (Ethik, 1. Theil, Def. 3.)

Die erste Bestimmung giebt Deskartes' Definition der Substanz etwas bild= licher wieder. Sie würde an sich noch gleichmäßiger als die Deskartes'sche beide Arten des Begriffes, das Durch=sich=sein, die Unabhängigkeit, und das Für=sich und nicht in einem Andern sein, die Ganzheit oder Abgetrenntheit, an= deuten. Spinoza meint aber ausschließlich die erste Art mit ihr. Denn mit der zweiten, der logischen Bestimmung fügt er indirekt zu dem einzigen Merkmale, das ihr Begriff nach Deskartes hat, zur Unbedürftigkeit oder Selbständigkeit, die allerdings schon stark zur Unabhängigkeit, die auch des Schöpfers nicht mehr bedürfte, gravitirt, das Ausschlag gebende der Inhaltsüberlegenheit über Alles außer ihr etwa Seiende hinzu, wonach sie von nichts Abstrakterem umfaßt wird, aber alles Andere umfaßt, so daß aus ihr alles Andere begriffen wird. Denn aus dem Abstrakten wird das Konkrete begriffen, nicht umgekehrt, und was von Nichts umfaßt, d. h. nach Spinoza's Meinung bestimmt wird, muß selbst das Allumfassende oder Allbestimmende in einer Welt sein, in welcher ein einziges Gesetz Alles umspannt, und ein einziger Begriff Alles erklärt, wie in der Welt Spinoza's. So ist die Selbständigkeit schon auf die Unabhängigkeit allein ein= geschränkt.

Dem unabhängigen Wesen muthet aber Spinoza das Accidentientragen zu.

Was ihn hierzu zwingt, finden wir bei Betrachtung seines Accidentienbegriffes. Den Gegensatz von Substanz scheidet er nämlich in Attribut und Modus. Attribute sind ihm, was wir von der Substanz als ihr Wesen ausmachend erkennen, ja eigentlich ist ihm jedes Attribut die Substanz, Modi aber sind Affektionen, also Erregungen oder zufällige Zustände der Substanz, mithin sind sie in einem Andern, zu dessen Wesen sie nicht gehören und wieder sind die Modi nicht bloß in einem Andern oder Wesensfremden, sondern werden auch eben darum nur in diesem Andern deutlich von uns begriffen, wie Spinoza nicht unterläßt hinzuzusetzen. (Def. 4 und 5.) Ihre Vielheit macht sie nun eigentlich beide auf Gott unanwendbar, wenn auch die Modi, die ja einzeln zum Wesen ihrer Substanz nicht gehören, Geschöpfen schon näher stehen, welche ihrem Schöpfer natürlich allesammt entbehrlich wären, nur daß Modi von ihrer Substanz nicht der Art abhängen daß sie ihr überhaupt fehlen könnten, ja nicht einmal von ihr allein abhängen wie die Attribute, sondern immer irgend welche Modi zu ihr gehören, aber nur weil sie immer zu andern Substanzen in irgend welchen Beziehungen steht. Spinoza muß aber beide Gott zuschreiben, weil er den Begriff für Einzeldinge oder Geschöpfe aufgegeben hat, und nun als Träger, Ort, Gefäß der Vielheit, die doch einmal Thatsache ist, nicht mehr diese annehmen kann, sondern nur seinen Gott als das Einzige, was er überhaupt als wirklich anerkennt.

Man fühlt sich versucht, Spinoza's Stellung nicht so anzusehen, daß er einseitig den später entdeckten Substanzbegriff mit Ausschluß des zuerst gefundenen vertreten habe, sondern sie dahin zu charakterisiren, daß er beide Begriffe zu Einem verschmolzen, aber für das einzige Reale, was Gegenstand desselben, was Substanz sei, Gott gehalten habe. Nur steht dieser Auffassung des Standpunktes Spinoza's seine zweite Definition der Substanz im Wege. Die erste: „Was nicht in einem Andern ist", kann ja sowohl heißen: „Was nicht Theil ist", wie auch: „Was nicht in einem Gesetze, also Begriffe eingeschlossen ist". Die zweite aber: „Was nicht aus einem Andern begriffen wird", kann doch mit aller Gewalt nicht mehr gedeutet werden als: „Was nicht Theil ist", sondern nur als: „Was nicht nähere Bestimmung eines umfassenderen, unbestimmteren Begriffes, also Was nicht ein Anwendungsfall eines Gesetzes ist". Denn „Begriffen werden" heißt doch immer: „aus einem Begriffe erschlossen oder abgeleitet, aus einem Gesetze gefolgert werden", und das muß jeder Theil eines zusammenhängenden Ganzen von Bestimmungen für sich besonders, auch wenn die verschiedenen Bestimmungen noch so nothwendig zusammengehören.

Nach den inhaltreichen Folgerungen, die Spinoza nun in einem großen Zuge aus diesen Grundlagen herausholt und die das erste Buch der Ethik ausmachen, denkt er von der Substanz Folgendes:

Jede Substanz muß von selbst entstanden oder aber von selbst ewig sein, gerade wie sie jetzt von selbst besteht. Denn verursacht worden sein könnte sie außer von sich selbst nur von einer anderen mit gleichen Attributen (weil ihm die Ursache den Wesensbegriff, den logischen Erklärungsgrund als bestimmendes Gesetz bedeutet), und solch andere Substanz giebt es nicht, weil sie nur in den Modis von ihr abweichen würde, und darin würde noch kein Unterschied des bedingenden Wesens oder der Substanz liegen.

Ist die Substanz etwa Weltsubstanz, so muß sie als Ursache ihrer selbst die ganze Welt verursachen.

Da die Substanz ferner als Ursache ihrer selbst sich immer das Dasein giebt, und nur unbegrenztes, unendliches Dasein volles Dasein ist, so muß sie sich nach jeder Hinsicht, in jeder wesentlichen Eigenschaft unendlich machen und sich unendlich viele wesentliche Eigenschaften geben, ihr Wesen unendlich machen. In Folge hiervon hat sie aber alle Attribute, und keine Substanz neben ihr kann noch Attribute haben die sie nicht auch hätte. Keine zweite Substanz kann sich noch von ihr unterscheiden, keine zweite kann es also nach dem Vorigen neben ihr noch geben. Die Substanz muß einzig, muß die Weltsubstanz sein.

Auch kann diese einzige Substanz nicht durch Selbsttheilung sich etwa dennoch wieder vervielfachen, da sie als allumfassende Substanz auch untheilbar sein muß. Ebenso wenig kann die Einheit und Einzigkeit der Substanz darum bezweifelt werden, weil von ihren unendlich vielen Attributen die zwei einzigen, die wir erkennen, Denken und Ausdehnung, für unser Verständniß Nichts mit einander gemein haben, uns also unabhängig von einander erscheinen. Denn jede wesentliche Eigenschaft der Substanz würde auch ohne die übrigen schon das Wesen der Substanz nicht bloß ausmachen, sondern auch begreifbar zeigen, weil jede unendlich ist wie sie alle zusammen und, indem jede mit allen andern innerlich sich deckt, alle vertritt, so bestimmt eigenartig sie auch erscheint. Spinoza sucht hier offenbar, von der logischen Konsequenz seiner zweiten Substanzdefinition bedrängt, die Verschiedenheit der Attribute aus der Substanz wieder hinauszubringen und ganz in die Auffassungsweise unseres Verstandes zu verlegen, welcher, der Unendlichkeit seines Gegenstandes nicht gewachsen, ihr nur auf vielfache Weisen sich nähern könne. Die Vielheit der Modi, die jener Definition gegenüber gleichfalls inkonsequent ist, erklärt er selbst ganz offen sogar nur für eine Täuschung unserer Einbildungskraft. Woher freilich diese wieder komme, wenn nicht aus einer noch größeren Beschränktheit unseres Wesens als schon unser Verstand an sich trägt, also doch aus wirklich vorhandener Vielheit, Spaltung, Begrenzung, zeigt Spinoza nicht.

Da das Denken (das Allbegreifen, aber natürlich in völlig anderem, bedeutungslosem Sinne, nur durch ein Wortspiel, das Allumfassen) zum Wesen der Substanz gehört, und so mit all ihrem übrigen Wesen streng zusammenhängt, muß alles Sein, alles Geschehen und alles Verursachen in der Substanz auch ganz und gar und seiner ganzen Nothwendigkeit nach vom Verstande zu begreifen sein. Wenn die Substanz die ganze Welt verursacht, so muß sie hiernach für das Denken auch der Erkenntnißgrund der ganzen Welt sein.

Alle die hauptsächlichen Merkmale, mit welchen dergestalt dies System die Substanz bestimmt, (es sind ihre Kennzeichnung als Ursache, und zwar nicht als Werdensgrund sondern als Seinsgrund der Welt, da sie ewig ist, ferner als unabänderliches, untrennbares Weltwesen oder Weltbegriff und darum endlich als Erkenntnißgrund der Welt), alle diese Hauptmerkmale der Substanz nach Spinoza stellen immer wieder nur einen Grundzug derselben von neuen Seiten dar, die Macht, alles Wirkliche, auch sich selbst bestimmt, endlich, nothwendig zu machen. Diese Macht ist aber von der andern Seite zugleich die durch Nichts zu bestimmende Willkür. Denn das im letzten Grunde Bestimmende muß doch Etwas sein, das nicht wieder selbst von irgend etwas Anderem bestimmt wird, nicht einmal von einem Gesetze, das ihm noch als solches, als Nöthigung, als Zwang fühlbar wäre, also seinem innersten Wesen doch als etwas Fremdes gegenüber stände. Das was im letzten Grunde bestimmt, darf also nur selber sich bestimmen, muß sich selbst schaffen, selbstständig sein. Dies spricht Spinoza am Schlusse seiner ganzen Entfaltung des Substanzbegriffes noch selbst aus, indem er sich in dem letzten Lehrsatze über sie, Satz 34, dahin zusammenfaßt: Die Substanz muß Allmacht sein. Aber diese Allmacht wurde als Freiheit nach ihrer selbstschöpferischen Unbedingtheit oder Unbestimmtheit nur von Deskartes gewürdigt, hier bei Spinoza zeigt sie sich bloß in ihrer sich selbst gestaltenden und damit beschränkenden ewigen Selbstbestimmung als Nothwendigkeit, Gesetzlichkeit, Naturgesetz. Diese eine Nothwendigkeit, woneben es gar keine andere Möglichkeit giebt, diese allumfassende Weltformel, als welche wir bei Spinoza das Selbstständige Substantielle ansehen lernen, ist doch nur durch sich selbst zu dieser und keiner andern Gestalt bestimmt worden, und muß die Willkür zu Allem besitzen (was eben bei Deskartes im Vordergrunde gestanden hatte). Sie kann sich daher auch zur Vielheit bestimmen, auch wenn stets Eine Nothwendigkeit alles Viele beherrscht. Eben weil Allmacht alle ihre Selbstbestimmungen unweigerlich nothwendig macht, sind diese eben so wirklich wie sie, die Substanz, und da sie sich selbst zur Vielheit bestimmt, sollte konsequenterweise auch nach dem Spinoza'schen Systeme wie nach dem Kartesianismus die Vielheit des Bedingten genau so wirklich sein, wie die Einheit, ja Einfachheit des Bedingenden, und nur nicht so selbstständig (wenigstens nach Spinoza's einseitiger Deutung dieses Begriffes auf unabhängig). Nicht substantiell, aber reell erwartet man hier die Vielheit zu finden, nicht als Chor von Einzelwesen, sondern als System von Einzelfällen oder Modifikationen. Vom Eins der Eleaten ehemals, das noch nicht die Allmacht war, wurde alle Vielheit in Schein verwandelt, und die Vielheit des Scheins war nicht leichter zu erklären als die des Seins. Durch den Deskartes'schen Monismus wurde sie gerade vom Eins selbst nothwendig gemacht und bleibt deshalb gerade als seine nothwendige Folge sowohl wirklich als Eins mit ihm, da alles Bedingte schon ganz enthalten ist in dem Bedingenden.

Spinoza selbst will dies jedoch merkwürdiger Weise nicht anerkennen, nicht bloß die Substanz ist ihm untheilbar, auch das nicht substantielle Wirkliche, ihren Inhalt, wie er anstatt Schöpfung es zu nennen verzicht, weiß er in seinem ganzen System nirgends als Vielheit zu deduziren, obwohl er ihn beständig als eine Vielheit von Accidentien darstellt. Die Vielheit leitet er nicht aus der göttlichen Allmacht, aus der allein sie sich ergiebt, sondern aus der Unrichtigkeit unserer zerstückelnden Imagination ab, und diese Imagination soll doch wieder daher kommen, daß es viele Geister giebt, also aus Dem, was er aus ihr erweisen will. Daß er durchaus das Allbedingende immer nur als den Raum, als die eine Bedingung aller geometrischen Figuren denken muß, deren Grenzen mit Wegnahme der Sinnesqualitäten allerdings verschwinden, ist vielleicht ein Grund hiervon. Der Hauptgrund ist aber wohl, daß er fühlt, wirkliche Vielheit im Absoluten (wohin er sie doch bei seiner Leugnung des endlichen $\chi\omega\rho\iota\sigma\tau\acute{o}\nu$, des Einzeldinges, der Trennbarkeit im Endlichen legen muß) müsse seine Unbeschränktheit zerstören, also es aufheben. Wie von Gott zunächst seine unendlich vielen Attribute, so sollen von diesen wieder ihre unendlichen Modi, und von diesen endlich die unzähligen endlichen Modi in ihrem Wesen und in ihrer Möglichkeit unvermeidliche Konsequenzen sein, wie die einzelnen Punkte es vom Raume sind und wie es dennoch widersinnig wäre, den Raum aus Punkten zusammensetzen zu wollen, weil er sich nicht etwa zu ihnen selber bestimmt, sondern unsere richtige Erkenntniß von seinem Wesen nur auf ihr Wesen schließen muß (so daß Gott oder das Substantielle selbst nicht so sein könnte, wenn nicht mit derselben Natur sie alle in ihrer unendlichen Vielheit behaftet wären und aus ihm folgten), wenn unsere falsche Imagination sie in ihm einmal unterschieden und sogar verselbständigt hat, und uns damit ihn, der thatsächlich nur eine Einheit ist, als eine Vielheit, eine Menge, eine Gesammtheit vorspiegelt.

Will man dieser Konsequenz Spinoza's, mit der er uns offenbar zu den Eleaten zurückführt, nicht folgen, sieht man die Vielheit in der Welt für mehr als bloßen Schein an, so muß man ihre Theile als Substanzen, d. h. als selbständig anerkennen. Dies vermag Spinoza nach seiner zweiten Fassung des Substanzbegriffes nicht mehr, oder vielmehr er will ihnen die Selbständigkeit entziehen, weil er nur so ihre Abhängigkeit vom Absoluten zu wahren meint. Wenn aber die Theile einer Vielheit nicht selbständig sind und es nur Ein Selbständiges giebt, so müssen sie diesem anhaften. Im vermeintlichen Interesse der Unabhängigkeit des Absoluten bringt er in das Absolute die Vielfachheit hinein. Ist die Vielfachheit aber im Absoluten, so ist dieses beschränkt, d. h. zerstört. Also muß Spinoza sie nachträglich wieder leugnen und für Schein erklären, wie oben gesagt.

Um die Vielfachheit ja recht sicher aufzuheben, behauptet er vollends noch ganz allgemein wie Nikolaus Cusanus: Alle Bestimmtheit ist Mangel, alle Prädizirung Verneinung. Das ist sie doch nur am Aktiven, Bestimmenden. Am Passiven, dessen Wesen ja gerade ist bestimmt zu sein, ist nur das Bestimmte wirklich. Da Spinoza aber nur das Absolute als wirklich anerkennt, hat er allerdings ein Recht, jenen Satz so allgemein aufzustellen.

Gegen die Bezeichnung der absoluten Substanz als Allmacht, der Vielfachheit als Schein, der Bestimmtheit als Verneinung, worüber ihm die Vielheit nicht nur in der Substanz, sondern sogar in ihren Werken abhanden kommt, sticht die Inkonsequenz ab, mit der er das Sein und das Wirken der absoluten Substanz selber für nothwendig erklärt, und nicht bloß ihre Werke. Muß die Substanz sein, so ist ihre Unbedingtheit doch ebenso zerstört, wie wenn in ihr Unterschiede, also Vielfachheit oder Bestimmtheit vorhanden sind.

Diese Widersprüche wird man nur begreifen, wenn man davon ausgeht, daß sich dem Spinoza in einer intuitiven Grundanschauung die absolute Substanz als der ungetheilte Raum dargestellt haben muß. Der leere Raum hat ein Doppelgesicht. Einerseits ist er eine völlig untheilbare Einheit, denn alle Schranken und Unterscheidungen in ihm sind willkürlich und finden in seinem Wesen keinen Anhalt, geschweige daß sie gar daraus folgten. Selbst von seinen drei Dimensionen weiß man doch nicht, in welche seiner unendlich vielen Richtungen man sie legen soll. Andererseits läßt er doch aber Unterscheidungen in sich zu, und sie erscheinen vielmehr nur darum willkürlich, weil er eben ganz unbegrenzt theilbar ist und man die Theilung nie beenden kann.

So liegt die absolute Substanz und darin die Einzelwesen nicht immer nur wie Wirklichkeit und täuschender Anschein, sondern dazwischen oft mehr wie eine Gesammtheit und ihre Theile vor Spinoza's Betrachtung. Sobald er nur dem Ursprunge jenes täuschenden Anscheins ernstlich auf den Grund gehen will, muß er sich dazu ja schon an den andern Eindruck halten, nur dieser bietet einen Zusammenhang zwischen der Substanz und dem Einzelnen in der Welt dar: Was von einer Gesammtheit gilt, gilt nothwendig auch von jedem ihrer Theile. Nun ist gerade Dies auch das Wesen aller logischen Begründung, wenn der Grund andere Subjektquantität hat als die Folge, und so erscheint dem Spinoza das Verhältniß der unendlichen Substanz zum einzelnen Endlichen zugleich immer noch wie dasjenige des logischen Grundes zur logischen Folge, besonders wie das des allgemeinen Gesetzes oder Begriffes zu seinen Beispielen, (wie der Begriff unzählige Fälle als Folgen einschließt oder enthält, zeigt der Raum mit dem Umfassen unendlich vieler Körper,) und weil einer logischen Bedingung das von ihr Bedingte als unweigerliche Nothwendigkeit anhängt, und aus dem allgemeinen Gesetze der einzelne Fall jedes Mal folgen muß, läßt Spinoza auch das endliche Viele aus dem unendlichen Einen wie seine Konsequenzen sich ergeben, als ob die absolute Substanz ohne die Welt nicht bestehen könne und selber dadurch bedingt sei, daß die Welt als logische Folge an ihr hänge. Auch das allerumfassendste Gesetz ist eben nur relativ bestimmend, seinen Konsequenzen gegenüber, aber es kann nicht das Absolute sein, weil es als eine logische Bedingung selber bestimmt ist.

Seit Spinoza die Substanz als den abstraktesten Begriff ansah, scheute er sich, sie noch als numerisch Eine zu bezeichnen. Allerdings wird mit der Behauptung ihrer Einzahl ihr mehrfaches Vorkommen erst gedacht und dann auf das einmalige eingeschränkt. So scheint letzteres doch einen noch abstrakteren Begriff über sich zu haben. Das mehrfache Vorkommen eines seinem Wesen nach einzigen Dinges, wie des Allumfassenden, des Abstraktesten zu denken, mag freilich vielleicht eben nur ein Denkfehler sein. Wie dem sei, auch diesem neuen Einfalle Spinoza's kam seine schillernde Uranffassung wunderbar entgegen, und bewährte sich so abermals für ihn. Es hat in der That etwas Ungereimtes, den Raum noch besonders in der Einzahl zu denken, seine Unendlichkeit macht sein Zusammenbestehen mit noch einem zu einer ganz unvollziehbaren Vorstellung.

Sogar jene Behauptung, jede Bestimmung sei Verneinung, scheint der Raum unmittelbar durch den Augenschein zu rechtfertigen. Denn will man von einer Gesammtheit auf einen einzelnen Theil derselben kommen, so muß man von allen ihren übrigen Theilen absehen. Somit kommt man von der Gesammtheit auf das Einzelne, indem man das Ganze bis auf diesen einen Theil vernichtet. Aber so erscheint es auch nur. Denn diese Vernichtung macht doch nur wieder rückgängig, was vorher schon zuviel geschaffen worden ist, als zuerst nicht dieser Theil allein, den man haben will, sondern das Ganze mit allen seinen Unterschieden durch positive Setzungen bestimmt wurde. Wir haben es eben bei Spinoza's Auffassung von der universellen Substanz eigentlich nur mit passiv Bestimmtem zu thun, und dessen Wirklichkeit ist Bestimmtheit, so daß jede Bestimmung desselben in Gedanken eine positive Setzung und in Wirklichkeit eine Schöpfung ist.

Als ein falscher Vorwurf gegen Spinoza stellt es sich aber bei genauerer Begriffsunterscheidung heraus, von Jemandem, der seiner geometrisch=logischen Auffassung des Absoluten huldigt (und die logische lag schon im extremen Realismus der Scholastik, die geometrische im Keime eigentlich bei allen bisherigen Materialisten und Hylozoisten vor, doch jene wie diese ohne die Substantiirung), zu sagen, das All und das Einzelne darin erscheine ihm wie Ein Ganzes und seine Theile, welche Theile doch als Bestandtheile eines Ganzen untrennbar einander und so auch allen besonderen Prädikaten eines jeden von ihnen anhaften sollten. Streng richtig kann man nur sagen: Er betrachtet es wie eine Gesammtheit und ihre Theile, denn solche Theile mögen unabhängig von einander nicht existiren können, aber sie können immer unabhängig von einander mit Prädikaten belegt werden, d. h. die Prädikate des einen können denen des andern widersprechen, weil sie nicht wie die eines Theiles eines Ganzen ohne Weiteres auch allen übrigen Theilen anhaften.

Jeder (unbewegliche) Punkt des Raumes oder Ort (um wie viel mehr also jeder verschiebbare Körper) enthält in sich die ganze unendliche Ausdehnung ihrem Wesen nach, also den ganzen Raum nach seinem Begriffe. Denn wie könnte er sonst einen bestimmten Ort in diesem Raume haben, oder überhaupt nur irgend etwas sein? Ganz für sich allein genommen stellt sich der geometrische Punkt ja als ein Nichts heraus.

Außerdem aber ist in jedem Punkte oder Orte noch etwas Besonderes enthalten, wodurch er sich von jedem andern Orte des Raumes unterscheidet. Dies Besondere des Punktes ist in ihm mit jenem Wesen des ganzen Raumes zur Einheit verbunden, d. h. zu einem Ganzen, zwischen dessen Theilen Gemeinschaft jedes Prädikates bestehen muß.

Somit verhält sich der einzelne Punkt zum ganzen Raume genau wie der besondere Fall zu seinem allgemeinen Begriffe. Vom ganzen Raume gilt wie vom allgemeinen Begriffe in der That genau Das, was Nikolaus und Bruno von Gott behauptet haben: Der ganze Raum ist das Kleinste, die Monas der Monaden, denn er ist in Allem, selbst im Kleinsten, im Punkte nur ein Theil. Und doch ist er das Größeste, aber freilich nur als die zwar nothwendig zugleich existirende, aber nicht bis zur Prädikatsgemeinschaft vereinigte Summe aller Punkte.

Denn das Besondere eines Ortes (oder Punktes oder auch Körpers) kann mit der Eigenthümlichkeit eines andern Ortes nicht zum Ganzen eines neuen Punktes verknüpft werden. (Zwei Punkte in zwei isolirt gedachten bloßen Dimensionen des Raumes können dies allerdings immer, sie waren aber auch noch nicht vollständige Punkte.) Der Raum ist also streng genommen nicht ein Ganzes, sondern eine unendliche Vielheit unverbundener, obwohl ohne einander unmöglicher und zu einander passender einzelner Punkte, nicht die Einheit aller Punkte, wenigstens nicht bis zu ihrer Prädikatsgemeinschaft, sondern die Gesammtheit der Punkte. Nur als Summe aller Punkte oder aller Einzelfälle sind der Raum und der allgemeine Begriff das Größeste. Denn als Ganzes ist der Punkt und der konkreteste Fall das Größeste.

Andrerseits das Kleinste sind der Raum und der allgemeine Begriff nur als Theile von hinsichtlich jedes Prädikates untrennbaren Ganzen. Denn als einzelner, hinsichtlich der Prädizirbarkeit selbständiger Posten einer Summe oder Gesammtheit ist der Punkt und der einzelne Fall das Kleinste.

Wie von jeder Gesammtheit auf Einige aus ihr, wie vom Theile auf das für jedes Prädikat allerdings völlig in Theile unterscheidbare, doch nicht trennbare Ganze, so kann mithin vom Raume auf seine Punkte oder auch auf die Körper logisch zwingend gefolgert, d. h. jedes Prädikat übertragen werden, nicht aber lassen sich Punkte oder Körper selbst aus dem Raume folgern, während aus einem Ganzen seine Theile folgen würden.

Deskartes, durch sein Festhalten der Substantiirung im Endlichen freier als Spinoza, braucht nicht die Vielheit hinter der Einheit verschwinden zu lassen, weil er mehr die Freiheit der Substanz sieht, sie also gewissermaßen mehr von oben, vom Schöpfer her betrachtet, während Spinoza, der sie immer von der Schöpfung aus, von unten her ansieht und darum in ihr nur das eherne Schicksal erblickt, Alles von ihr mit unabwendbarer Nothwendigkeit bestimmt und durch diese seine Nothwendigkeit an ihr hängend und zur Einheit unter sich und mit ihr verklammert erscheinen läßt. Auch allmächtige Willkür allein erschöpft aber die Vorstellung Gottes nicht, trotz ihr ist er auch die Liebe, der Heilige, der nur die eine bestehende Weltordnung erschafft. Dies berücksichtigt wieder Deskartes nicht, und so ist auch er einseitig. In Folge dieses Gegensatzes ihrer gleichberechtigten und doch gleich einseitigen Gesichtspunkte sorgt Deskartes entschieden geflissentlicher für die Unverkennbarkeit der Wirklichkeit des Vielen in der Welt, Spinoza für die Begründung der Welt-Einheit, während an sich recht gut in beiden Systemen Wirklichkeit des Vielen und Welteinheit von einander untrennbar gemacht werden könnten. Den Spinoza verführt seine Einseitigkeit zu dem entschiedenen Fehler seiner Aufstellung, Vielheit sei Schein des Meinens, die unendliche Substanz sei in jedem Sinne untheilbar, also nicht einmal des Hervorbringens einer in Dinge getheilten Vielheit fähig, was doch ihrer selbstschöpferischen Allmacht geradezu widerspricht. Die Selbsttheilung in viele Substanzen würde ja die Einheit der Substanz in seinem Sinne als Allbedingendes gar nicht antasten. Denn die so entstandenen Theile wären zwar selbständig, trennbar, und frei, also Substanzen, aber sie wären es nicht von selbst, sondern nur durch jene einzige eigentliche Substanz, folglich würden sie auch nur durch diese so erhalten. Sie wären nicht unabhängig und könnten nie länger selbständig und frei bleiben, als die eigentliche Substanz es gestattet, d. h. sie dazu macht und selber ihre Freiheit in ihnen wirkt. Wenn nach Aristoteles' Anschauung Gott in den vielen Atomen oder χωριστά Liebe zu sich erregt, wird doch auch ihr unfreies, erzwungenes Getriebenwerden in eigenes, selbständiges Sichhindrängen derselben zu ihm verwandelt, und bleibt dennoch nur Gottes Wirkung. Alles Fühlen, Wünschen und Wollen kommt sich frei vor und zeigt sich dabei von Gesetzen abhängig. Hier liegt die Erfahrungsthatsache, die Deskartes ewig Recht geben wird gegen Spinoza. Deskartes' Behauptung, in Gott seien freie Personen möglich, und zwar gerade nur wegen seiner Allmacht und nicht trotz derselben, vernichtet vor der Erfahrung nicht minder wie vor der Logik Spinoza's unbeweisbaren Schluß aus der Selbständigkeit und Einheit seiner Substanz auf ihre Untheilbarkeit.

Dieser Gegensatz der Weltanschauungen, der sich doch so innig ergänzt, spiegelt sich in der Psychologie beider Denker sehr merkwürdig ab. Vielleicht entsprang er auch aus dem psychologischen Gegensatze erst. Deskartes erklärt unsern Willen für vollkommene Willkür zu handeln und zu glauben ohne jedes Gesetz, als daß sein Handeln streng nach seinem Glauben sich richtet (§ 35, 37, 39 und 41 des 1. Theils der Prinzipien der Philosophie). Spinoza hält den menschlichen Willen für einen Automaten, der mit unabänderlicher Nothwendigkeit bis ins Kleinste voraus bestimmt ist (Lehrsatz 32).

Diese Überspannung des Monismus muß man als den eigentlichen Grundirrthum des Spinoza einsehen, den wohl seine, durch die kahl monotheistischen religiösen Erinnerungen des Juden nur bestärkte, durchaus räumliche Anschauung verschuldet hat, die wie ein Bann über all seinen Gedanken liegt. Es ist aber ganz ungerecht, ihm den andern bekannten Vorwurf zu machen, er habe bei der Auffassung des Verhältnisses der Accidentien zur Substanz Inhärenz mit Dependenz verwechselt.

Zunächst hat seine Lehre, in der strengsten Konsequenz gedacht, mit Accidentien überhaupt Nichts zu thun. Die Mannigfaltigkeit und Zerstückelung der einen einfachen Substanz zu erklären, die ja nur durch ihre Unabhängigkeit und Abstraktheit (also durch das Gegentheil von Bestimmtsein zu Eigenschaften) Substanz ist, gelingt ihm vielmehr überhaupt nur durch Inkonsequenz, mittelst eines Cirkelschlusses, wie wir sahen. Mußte er sich aber einmal dazu bequemen, noch Anderes außer der Substanz anzuerkennen, so blieb ihm Nichts übrig, als Dieses abhängig von letzterer sein zu lassen, weil er sonst ihre Unabhängigkeit völlig Preis gegeben hätte. Um dieser Willen hätte er das Andere nur völlig aus ihr hinaus verlegen sollen, und nicht bloß halb! So aber vertrug sich die Unabhängigkeit der Substanz schon mit diesen Unterschieden in ihr schwer genug, wenn sie auch immerhin von ihr abhängig waren. Denn eben, weil er nur diese eine Substanz kennen wollte, mußten sie nun in ihr selbst, statt bloß in ihren gegen sie selbständigen, nämlich von ihr getrennten, ihr nicht anhaftenden Schöpfungen außer ihr sein, und wurden so nicht bloß das von ihr Abhängige, sondern auch das in ihr Enthaltene, ihre Accidentien. Die Unabhängigkeit der Substanz aber lehrte er, nicht weil er Accidentien Tragen und Dinge Bedingen verwechselte, sondern weil die Substanz, die er anerkannte, eben nicht ein endliches Einzelding war, worauf das Accidentien Tragen allein paßte, sondern das absolute unendliche Sein. Gerade dann, wenn er dessen Unabhängigkeit nicht festgehalten hätte, hätte er sich einer Verwechselung schuldig gemacht und das Unendliche wie etwas Endliches bestimmt.

Wollen wir die Anschauung Spinoza's noch schärfer mit den aus der Geschichte des Substanzbegriffes bereits gewonnenen Kategorieen bezeichnen, so müssen wir sagen: Wenn Spinoza's Substanzbegriff auch eigentlich auf das schlechthin Bestimmende hinausläuft, so betrachtet er ihn doch thatsächlich fast nie direkt, sondern nur vermittelst seines Korrelates oder Gegentheiles, nämlich des schlechthin Bedingten, der Welt. Wenn er sich die Allmacht denken will, denkt er sich das feste Weltgesetz, wozu sie sich einschränkt. Er hatte sich die Möglichkeit versperrt, in der Welt selbst etwas Substantielles gelten zu lassen. Ihm konnte nur noch das Gegentheil der Welt und des Vielen, ja des Vielfachen Substanz sein. Aber die Natur verschafft sich in seinem Systeme wider seinen Willen ihr Recht. Unwillkürlich nimmt das Bild seiner einzigen Substanz die Züge Dessen an, dem er den Substanzcharakter gewaltsam vorenthält, des Endlichen.

Schon seit Platon war man gewohnt, bei dem schlechthin Bedingten, nicht durch sich selbst Nothwendigen, und insofern Zufälligen sich das Mögliche, das plastische Material, das Worin, den leeren Raum zu denken. Vielleicht hat diese durch so lange Zeit eingelebte Überlieferung mit ihrem unbewußten Einflusse mit dazu beigetragen, daß Spinoza die Substanz so rein geometrisch als den All umfassenden Raum behandelt.

Was er Attribute der Substanz nennt, sind die bloßen Umformungen der Formel des Weltgesetzes, unter den Modis der Substanz versteht er die verschiedenen zufälligen Fälle oder Einschränkungen des Gesetzes. Nun muß man eben so sehr des logischen Schließens sich bedienen, um eine Formulirung aus der andern zu entwickeln, wie um einen Specialfall aus der allgemeinen Formel zu gewinnen. Freilich muß zu letzterem Zwecke zuvor noch die Einschränkung (Festlegung) der Variabeln in der allgemeinen Formel vorgenommen worden sein. Doch dies Element im zweiten logischen Vorgange entgeht dem Spinoza, viel-

leicht weil er es sich nach dem Außerachtlassen der Willkür im Wesen der Welt=
substanz nicht mehr erklären konnte, wie gezeigt. So erscheinen ihm denn Attri=
bute wie Modi beide nur als Folgerungen aus dem Gesetze, also aus seiner
Substanz, jene als die allgemeinen, diese als die konkreten.

Zwischen dieser Substanz und ihren Attributen besteht eigentlich kein wesent=
licher Unterschied mehr. Denn die Attribute der Welt sind ja ebenfalls das
Wesentliche oder das Gesetz der Welt. Dadurch verschwindet der Gegensatz, in
welchem sonst das zweite Merkmal des Spinoza'schen Substanzbegriffes, wonach
die Substanz aus sich selbst begriffen wird, zu Deskartes' Ansicht stehen würde,
die Substanzen seien nur durch ihre Attribute, also nicht unmittelbar zu erkennen.
Spinoza identificirt aber Attribute und Substanz vollkommen (Lehrsatz 5, im
2. Theile der Ethik stellt er diese Identität von Wesen und Substanz sogar schon
als eine ausdrückliche Definition [Def. 2 dieses Theiles] an die Spitze der Unter=
suchungen), die verschiedenen Eigenschaften oder Umwendungen der Weltformel
sind unmittelbar selber Begriffe und zwar die allgemeinsten, und sie decken sich
für ihn mit der Substanz.

Das Verhältniß des Weltwesens zu seinen Modis, den endlichen Dingen
nach der gemeinen Meinung, sieht Spinoza einfach als das eines Figuren= oder
Körper=Gesetzes der analytischen Geometrie zu seinen Anwendungsfällen, nämlich
zu den einzelnen Punkten und den linearen, flächenhaften und ganzen, d. h. körper=
lichen Theilen dieses Körpers an. Da der vom Gesetze bestimmte Körper all=
umfassend sein soll, kann es nur der ganze unendliche Raum sein.

Wie eine Formel der analytischen Geometrie in jedem einzelnen Punkte der
Figur, die aus ihr zu konstruiren ist, voll und ganz enthalten ist, trotzdem von
diesen Punkten doch keiner dem andern gleicht, so ist die ganze, ungetheilte,
eine Weltsubstanz in jedem Individuum gegenwärtig. Sie ist das Schicksal der
Welt, und vollzieht sich in jedem einzelnen Dinge, nenne man es Atom oder
Seele, restlos. Dies Atom und seine Bahn, dieser Geist und sein Leben könnte
allein bleiben, und doch wäre in ihm schon das ganze Schicksal da. Die Zeit ist
nach Spinoza ja sicher nicht als eine Coordinate oder Variable, sondern jeder
Zeitpunkt ist als eine besondere variable Coordinate zu betrachten, da die Zeit=
punkte nicht mehr verschiedene Anwendungsfälle des Gesetzes d. h. Festlegungen
seiner sämmtlichen Variabeln zu sein scheinen, sondern hierfür nur die einzelnen
endlichen Dinge bei Spinoza gelten. Daß dann die Formel schon der Zeit un=
endlich viele Coordinaten enthielte, wäre kein Einwand. Warum sollte denn nur
eine endliche Zahl von Coordinaten auf bestimmte Weise, nach einem bestimmten
inneren Fortschritte verknüpft werden können? Es können auch unendlich viele
Coordinaten zu einer verständlichen und anwendbaren Formel verbunden werden.
Übrigens kann es ja sein, und ist sogar wirklich der Fall, wie später auseinander=
gesetzt werden wird (S. 44), daß unter diesen unendlich vielen einander bestim=
menden Coordinaten unmittelbar jede doch nur auf eine einzige oder einige wenige
von allen übrigen wirkt, und erst diese wieder auf neue, u. s. w. Dann macht ihre
unendliche Anzahl gar keine logische Schwierigkeiten mehr. (Erkennbar brauchte das
Weltgesetz jedoch aus diesem einzelnen Leben noch nicht zu sein, denn letzteres könnte
vielleicht auch noch aus vielen, ganz anderen, verwickelteren Gesetzen abgeleitet werden.
Um zu sehen, aus welchen dieser mehreren möglichen Gesetze es wirklich stammt, muß
dann ein größerer Theil der Curve oder der Gestalt des Weltlaufes mit ihm
zugleich erblickt werden, oft erst ein sehr großer, nämlich sehr viele Einzel=
substanzen in ihren Schicksalen, ganze Arten, oft erst ganze Gattungen von ihnen.

Erst diese könnten dann ein Attribut des Urhebers der Curve genannt werden, jede kürzere, wenn auch selbständige Strecke der letzteren wäre nur sein Modus. Trotzdem enthielte sie, ja schon jeder Punkt, jedes einzelne Wesen in ihr den Urheber der ganzen Curve auch in sich allein vollständig.) Zu neuen Punkten oder sogenannten Einzelwesen führt die Weltformel nur dadurch, daß sie sich d. h. die Coordinate der gleichzeitigen Individuen frei zu einem numerisch neuen Bewußtsein bestimmt, wodurch sofort auch der Gesammtwerth aller andern Variabeln der Weltformel neu bestimmt ist, da in jedem endlichen Wesen alle ihre Variabeln oder Coordinaten sich schneiden und mitwirken, genau wie die Bahnformel eines fallenden Körpers nur dann einen neuen Punkt seiner Curve ergiebt, wenn man jene Variable der Formel mit verändertem Werthe einsetzt, welche die Zeit darstellt. Ist in der Weltformel die letzte Variable festgelegt, so ist sie das konkrete Individuum, nicht mehr Gesetz. Werden in ihr noch nicht alle Variabeln als bestimmt angenommen, aber doch die Individuations-Variable, so hat das Individuum noch nicht ausgelebt. Befindet sich dagegen die Individuations-Variable unter den noch nicht bestimmten, so ist die Weltformel nur Gesetz, noch kein Individuum, das Gesetz der Art oder das der niederen, oder der immer höheren, artenreicheren Gattungen, je mehr Variabeln noch als Variabeln gedacht werden. Ist in der Weltformel keine einzige Variable festgelegt, so ist sie das All umfassende Gesetz der ganzen Schöpfung, zu der Gott sich selbst erschafft oder determinirt. So wie die Zeitunterschiede, die Ortsunterschiede und die Gradunterschiede, lassen sich nämlich auch alle Qualitätsunterschiede in jedem denkbaren Qualitätenkontinuum wie etwa in der Farbenskala auf Quanta zurückführen und durch die Variabeln einer analytischen Formel darstellen. Diskontinuirlich von einander verschiedene Beschaffenheiten, wie eine Farbe und ein Klang, befänden sich in zwei verschiedenen Variabeln. Und so läßt sich nicht nur eine Formel jedes beliebigen **physikalischen** Gesetzes, so läßt sich auch eine Weltformel denken, und das durch sie ausgedrückte Gesetz wäre das **Wesen der Welt, die Substanz Spinoza's**. Was an Spinoza anzufechten ist, ist eigentlich nur seine Einschränkung dieser **allgemeinen** mathematischen Weltauffassung auf die blos noch geometrische. Jene ist berechtigt, diese nicht. Denn jene nimmt Alles, z. B. auch das zeitliche Geschehen, **unmittelbar** in seiner Eigenart in sich auf. Diese kann das Werden nur mittelst der **genetischen** Definitionen in der Geometrie konstruiren, d. h. nur durch ein unbewußtes Umstoßen ihrer Voraussetzung, Alles seien **räumliche** Verhältnisse.

Es ist sehr wohl möglich, daß der damals noch ganz neue Eindruck von Deskartes' Erfindung der analytischen Geometrie Spinoza mit dazu verholfen habe, das Unabhängige in seinem **Bestimmtsein durch sich selbst**, oder die Substanz als eins ihrer Attribute gegenüber den endlichen Modis in diesem, (den **Gattungs-** oder **Art-** oder **Individuumsgesetzen** nach **dieser** Formung der Weltformel), sich gerade so zu denken, daß es analytisch formulirbar war, als bleibendes Verhältniß zwischen fließenden Größen, deren Wandlungen sich also immer zu demselben Gesammtresultat gegenseitig ausgleichen müssen, als gemeinsames Naturgesetz, als Schicksal. (Daß Deskartes selbst seine Entdeckung noch nicht auf seine Substanztheorie bezog, erklärt sich zur Genüge daraus, daß er gerade diejenige Seite der letzteren verfolgte, und ausführte, mit welcher die Analysis keine Vergleichungspunkte darbot, welche das Bedingende nur wie fern es sich im Bedingten wiederfindet aufsucht, aber nicht nach seiner eigenen Unbedingtheit hin untersucht.) Jedenfalls liegt in den Formeln der analytischen Geometrie viel Analogie mit der Gestalt, welche die vollständig entdeckte Weltformel zeigen müßte. Man darf nur nicht vergessen, daß die analytische Geometrie nur einen ganz besonderen Fall von Abhängigkeit benutzt zur Berechnung der Figuren, und zwar gerade den, der in der Wirklichkeit am seltensten vorkommen wird: gegenseitige, ganz gleichmäßige Abhängigkeit beider Glieder von einander (in der der Ebene, in der des Raumes gar aller drei Coordinaten), und völlige Ununterscheidbarkeit der Glieder von einander in dieser ihrer Verbindung zu gegenseitiger Abhängigkeit, so daß ihr Gesammtergebniß als ein absolut einfaches, als ein einziger Punkt nur erscheint. Letzteres ist bei den von einander abhängigen Gliedern der Wirklichkeit nie der Fall, Ersteres nur zwischen denen desselben Augenblicks, denn durch die Gegenwart wird die Zukunft bestimmt, nicht aber die Vergangenheit, also durch die Zukunft nicht die Gegenwart. Ferner würde der Ansatz einer Coordinate noch mit einem zweiten Betrage nicht etwa als neuer Fall mit dem ersten zusammen in derselben Welt bestehen, sondern zu einer neuen Welt gehören, die für die erste gar nicht da ist. Mit Spinoza jedes Individuum als besonderen Fall oder Betrag der Variabeln in der Weltformel anzusehen, geht also nicht an.

Man muß zugeben, daß die allgemein mathematische Auffassung der Welt durch eine analytische Formel sich konsequent durchführen läßt. Doch ist es unmöglich, die Einzeldinge als die einzelnen Fälle dieser Formel anzusehen, ohne den Causalzusammenhang zwischen ihnen unverständlich zu machen oder zu leugnen.

Ist jedes Individuum ein neuer Fall desselben Gesetzes, so hat es mit den andern Nichts mehr zu thun. Es kann in keiner Weise mehr von ihnen abhängen oder mit ihnen noch zusammenhängen. Denn jedes stellte dann schon für sich allein das ganze Gesetz fertig und vollzogen dar. Was gehen zwei konkrete Fälle eines Begriffes einander noch an, deren jeder ihn ja ganz verwirklicht? Durch den Begriff können sie nicht mehr auf einander wirken, er ist in einem jeden einzelnen Falle schon abgeschlossen enthalten, durch den Begriff werden nur innerhalb eines jeden Falles seine verschiedenen Seiten oder Glieder oder Coordinaten durch einander bedingt. Dadurch, daß die Individuen verschiedene Fälle eines Gesetzes sind, schließen sie jede Beeinflussung durch einander aus. Eine solche Auffassung der Einzeldinge ist der entschiedenste Pluralismus.

Für Spinoza verdeckt diese Schwierigkeit der Umstand, daß er die Einzeldinge ganz wie die endlichen Theile des unendlichen Raum=Körpers ansah. Die Oberfläche oder Form jedes Theiles in diesem bestimmt natürlich auch die aller angrenzenden Theile, soweit sie mit denselben zusammen fällt, und eine andere Wechselwirkung als durch Berührung oder Stoß glaubte Spinoza ganz wie Deskartes nicht annehmen zu dürfen.

Aber eben weil verschiedene Punkte einer geraden Linie keineswegs ohne Verhältniß zu einander sind, sondern sich in ihren Stellen wechselweise bedingen, können sie nur übertragen und bildlich als verschiedene Fälle desselben Begriffes (derselben variabeln Coordinate) angesehen werden. Soll je eine oberste analytische Formel, welche die einzelnen Naturgesetze sämmtlich zusammenfassen müßte als ihr letzter Grund, in solcher Strenge und Vollständigkeit das Weltall und seine Entwickelung ausdrücken, wie die bis jetzt sicher gestellten Naturgesetze einzelne Thatsachenkreise innerhalb desselben bestimmen, soll sie also alle Individuen überhaupt und ihr Leben nach allen seinen Seiten regeln und erschöpfen, wie diese von einzelnen Arten der Individuen gelten und einzelne Seiten ihres Verhaltens erfassen*), so dürfen die vielen untheilbaren endlichen Wesen, also die letzten Elemente des Wirklichen wie die Geister, nicht verschiedene Fälle dieser Formel werden, sondern die verschiedenen (nicht mehr variabeln) Coordinaten nur eines einzigen Falles von ihr, und dieser einzige Fall muß schon unsere ganze Welt sein. Sonst ist die Causalität zwischen den Einzelwesen unbegreiflich gemacht. Die wirkliche Welt kann nur als ein einziger Fall jenes obersten, allumfassenden, einzigen Naturgesetzes aufgefaßt werden, das noch zu entdecken ist. Sie würde also, wenn ein durch eine Formel der analytischen Geometrie ausgedrücktes Raumgebilde ihr Bild sein soll, was wegen der Auffassung der Raumpunkte in dieser als verschiedener Fälle einer Coordinate, statt als verschiedener Coordinaten eines einzigen Falles streng genommen nicht zulässig ist, nur **einem einzigen Punkte** in einer Curve oder Figur gleichen. Danach ist die Bestimmung eines Individuums in einem gewissen Augenblicke nicht möglich ohne auch die anderen Individuen für denselben Augenblick zu bestimmen, ebenso wie sie die Bestimmung seiner eigenen Zukunft nach sich zieht, und der Causalität wäre Rechnung getragen. Die Einschränkung der Weltformel zur Formel einer besonderen Gattung oder gar Art und zuletzt eines einzigen Individuums bedeutete dann stets die Festlegung seiner bis dahin unbestimmten **Lebensumstände**, zunächst der allgemeineren, sodann immer einzelnerer, d. h. der sämmtlichen anderen Gattungen, Arten und Individuen außer diesem einen in der Weltformel. Dagegen die Einschränkung der Weltformel durch Festlegung der Variabeln nach Zeitpunkten (d. h. augenblicksweise), was in Folge der besonderen Verknüpfung der Zeitpunkte in der Weltformel nur der Reihe nach von den früheren zu den späteren und nur von den frühesten Augenblicken an möglich ist, würde einfach die Annahme bedeuten, daß unsere Weltgeschichte schon einen bestimmten Zeitpunkt erreicht habe, der ein immer späterer wird, je mehr Variabeln in dieser Ordnung festgelegt sind.

Wollte man aber durchaus die Einzelwesen als verschiedene Fälle oder Festlegungen derselben variabeln Coordinate jenes höchsten Naturgesetzes denken, und gar noch jeden Augenblick in der Laufbahn eines jeden von ihnen als besonderen Fall nur einer einzigen andern, welche allein schon die ganze Zeit darstellte, was ja möglich ist, so gut wie man jede Dimension des Raumes sich zur Vereinfachung bildlich als eine Variable denkt, die noch alle ihre unendlich vielen Fälle umfasse (statt jeden Punkt in ihr als besonderen Fall einer neuen Variabeln und alle diese Variabeln zu einem Gesetze mit einander verbunden zu denken, wodurch die Abhängigkeit der Punkte in einer Geraden von einander erst begriffen würde), so würde man einfach unausweichlich auf die „prästabilirte Harmonie" zurückgedrängt werden.

Die wirkliche Welt weist sich als eine doppelte Selbstbestimmung Gottes aus. Ihr Gesetz, das Coordinatensystem das ihre Formel bildet, ist Gottes erste Selbsteinschränkung. Die Festlegung jeder Coordinate darin zu einem bestimmten

---

*) Z. B. gilt das Gravitationsgesetz nur von den Körper-Atomen, nicht von denen des Äthers, und erfaßt nur eine Seite ihres räumlichen Verhaltens, beschreibt aber für sich allein weder ihre wirklichen Bewegungen, wozu ihm mindestens noch das Trägheitsgesetz helfen muß, noch gar ihre etwaigen inneren Zustände dabei.

Falle ist die zweite Selbstbeschränkung Gottes, die erst das Wirkliche nach Gesetzen schafft. Der gegenwärtige Augenblick aller Individuen bestimmt die Zukunft nur nach ihrem Gesammtwerthe. Er läßt also die einzelnen späteren Augenblicke der Welt nach unbestimmt. So können unter diesen die früheren gegenüber den späteren sich noch frei zu jeder der von jenem Gesammtergebnisse gelassenen Möglichkeiten entscheiden. Sodann können wieder innerhalb jedes einzelnen Augenblickes auch die Individuen noch auf viele verschiedene Weisen denselben Zustand oder Sinn für diesen ganzen Augenblick zu Stande bringen. Überdies scheint für uns diese Selbstbestimmung der einzelnen Augenblicke (nur der letzte Weltaugenblick ist von dem vorangehenden schon eindeutig bestimmt) successiv zu geschehen, weil die zusammengehörigen dasselbe Individuum bildenden Coordinaten (je eines neuen Augenblickes) unter einander eben durch jene Verknüpfung verbunden sind, die als Zeit erscheint.

Alles Dies zusammen erklärt die Selbstbestimmung, die wenigstens in der Entwickelung des menschlichen Gemüthes unbestreitbar hervortritt. Man muß annehmen, daß in den Wesen ohne Selbstbestimmung die Gegenwart nicht auf ihre ganze Zukunft, sondern nur auf ihren nächsten Lebensaugenblick wirkt, d. h. daß sie nicht ihre Zukunft als Ganzes bedingt, sondern zunächst nur ihren nächsten Augenblick. Dadurch wird dieser sofort eindeutig bestimmt. Gerade so steht im einzelnen Augenblicke jedes seelische Individuum (jeder Geist) nicht mit allen gleichzeitigen Individuen in unmittelbarer Wechselwirkung, sondern nur mit den Atomen seines Hirnes (also nur mit seinem eigenen Leibe, es empfindet und es bewegt sich willkürlich), mit keinem anderen Atome, geschweige denn mit den übrigen Seelen. Nur dadurch, daß die Welt mehr als zwei Augenblicke hat und überdies in jedem Augenblicke mehrere Individuen zusammen in Wechselwirkung stehen, findet im ausnahmslosen Walten des Causalgesetzes die Entscheidungsfreiheit des Willens ihre Stelle. Sie ist für den Augenblick um so unbeschränkter, je früher er ist. Je später, desto enger der Kreis der Möglichkeiten, zwischen denen noch gewählt werden darf. Im allerersten Augenblicke der Welt war sie unbegrenzt, sie umfaßte alle unendlich vielen Fälle der Coordinaten desselben, wenigstens wenn in ihm alle Individuen eine entsprechende, harmonirende Wahl trafen. Aber auch im letzten Augenblicke der Welt, der schon ganz bestimmt ist, können noch die Individuen seine Gesammtbestimmung auf viele verschiedenen Weisen nach dem sie gerade jetzt verbindende allgemeine Gesetze zusammen unter sich hervorbringen, denn auch der durch die Weltformel und die Festlegung ihrer bisherigen Augenblicke und schließlich noch durch seine eigene Wahl gegenüber der Zukunft schon bestimmte Gesammtzustand eines einzigen Augenblickes entscheidet noch nicht, wie die einzelnen Individuen in ihm seine Gesammtbestimmung zusammen zu Stande bringen wollen. Gehen mit einander unverträgliche Entscheidungen dazu von verschiedenen Individuen aus, so bringt diejenige durch, zu welcher Gott sich stärker bestimmt als zu den übrigen, also die des willensstärksten Individuums, und ihr müssen sich die Entscheidungen der anderen Individuen wenigstens ihrem Gesammtwerthe nach fügen. Dies erweitert noch den Spielraum der Willensfreiheit innerhalb der unbedingten Allgemeingültigkeit der Causalität.

Gehorcht nun aber die ganze Welt einem und demselben Gesetze oder Kreise von Gesetzen, worin die empirische Wissenschaft dem Spinoza immer deutlicher Recht giebt je mehr sie fortschreitet, so verräth sich hierin auch rückwärts die

Einheit der unabhängigen Substanz, die er lehrte (die aber bei einer andern Welt auch unerkennbar sein könnte). Gesetze schweben ja nicht in der Luft. Ein Gesetz als etwas Selbständiges wäre nur ein subjektiver Begriff. Auch aus einem Welt umfassenden Gesetze würde als solchem, als aus einem abstrakten Begriffe, doch immer nur folgen, daß wenn es existirte, also mehr wie bloß ein Begriff in uns wäre, seine Folgerungen, nämlich einer seiner Anwendungs= fälle existiren würde. Nun existiren aber seine Folgerungen. Eben in der Welt liegen sie vor, wenn sie sich als wirklicher Fall eines einzigen Gesetzes erweist, der ohne solch einziges Gesetz gar nicht zu erklären ist. Folglich muß auch dieses Gesetz nicht bloß unsere subjektive Abstraktion aus der Welt, sondern eine Wirklich= keit sein. Wirklichkeit kann ein Gesetz aber nur als Verhalten eines einzigen Wesens haben. Wäre es als das gleiche Verhalten mehrerer Wesen verwirklicht, (von solchen sich selbst willkürlich verhaltenden wären ja freilich mehrere nicht möglich, wie bei Deskartes gezeigt) so würden doch die Bestimmtheiten des einen Wesens durch ein ganz anderes Gesetz bedingt sein als die des andern, denn keins dieser gesetzgebenden Wesen könnte abhängen, noch auch das andere be= dingen, weil die Vorgänge im einen keine Vorgänge im andern wären, also vom andern nicht gemerkt werden würden, sondern dieses nur von sich aus sich be= stimmte, und nur zufällig so, als ob es mit jenem demselben Gesetze gehorchte, mithin weil ihr Selbstverhalten ihr einziges Gesetz wäre, nämlich erst das Gesetz schüfe, mit andern Worten weil sie, wenn ihr Verhalten wirklich ihr Verhalten wäre, absolute, unbedingte, unendliche, nicht endliche Substanzen wären. Folglich muß die ganze aufeinander wirkende und darum von demselben Gesetze bedingte Welt eine einzige solche unbedingte Substanz sein. Gesetze sind nur Verhaltungs= weisen oder Naturen wirklicher selbständiger Wesen, und wir lösen sie erst durch Abstraktion von diesen los. Ein Gesetz kann also nur an einem wirklichen Dinge vorkommen, das sich nach ihm richtet oder verhält, das eine solche Natur hat. Jedes Vielfache nun, welches nur als Ganzes genommen dies besondere Gesetz befolgt (und das thut unser Weltall), während seine einzelnen Theile oder In= dividuen für sich kein gesetzliches Verhalten zeigen, sondern rein zufällig sich ändern und absolut unverständlich sind, verhält sich wie ein Ganzes und nicht wie eine Vielheit. Dies sich Verhalten wie ein Ganzes, das erst das ganze Vielfache zusammen zeigt, haftet nur dem Ganzen als seine Natur an, also ist Ganzheit oder Einheit, nicht Vielheit die Natur des Alls. Es hat eben nur zu= sammen überhaupt diese eine Natur, dies Wesen, diese und keine andre Be= schaffenheit, hingegen wäre ein Einzelwesen in ihm getrennt von den Übrigen von gar keiner einheitlich zu begreifenden Beschaffenheit. Es ist also nur ein einziges Wesen. Und wenn es die Welt ist und außer ihm es Nichts mehr giebt, ist es auch ein selbständiges Wesen, also eine Substanz. Die allgemeine Gesetzlichkeit der Welt bezeugt, daß sie ein einheitliches Ding ist. Das trieb Spinoza wohl am meisten an, der Freiheit der göttlichen Substanz die von Deskartes vernachlässigte Nothwendigkeit der Welt gegenüber zu stellen. Aber Spinoza's Einseitigkeit war doch diejenige, auf die man erst später verfällt, also die unnatürlichere, und so wurde sie ihm verhängnißvoll, wie es für Des= kartes die seinige nicht werden konnte.

Vergißt man einmal, daß gerade das Moment der absoluten Freiheit, das im Begriffe der Unabhängigkeit liegt, dem wirklich unbeschränkten Wesen die Schöpfermacht vindizirt, eine unendliche Vielheit von Wesen aus sich heraus und neben sich zu stellen, sieht man statt dessen die Unabhängigkeit jenes Wesens immer nur von der Seite der Abhängigkeit des Alls von ihm allein an, so wird man die Vielfachheit der von ihm abhängenden Konsequenzen schwerlich noch irgendwie begreifen können. Denn wie auf dem Wege logischer oder anderweiter Konsequenz, mit andern Worten wie mit bloßer Nothwendigkeit ohne Beachtung ihrer Kehrseite, allmächtiger Freiheit, aus dem völlig über jeden Gegensatz Erhabenen, Alles Umfassenden, innerlich Abstrakten, also ganz Einfachen und Einzigen überhaupt noch Folgerungen, die als Folgerungen sich von ihm selbst doch durch irgend einen Gegensatz gegen es unterscheiden müßten, und gar eine Mehrheit von Folgerungen fließen sollen, ist auf keine Weise einzusehen. Nur wenn das abstrakte Allumfassende sich willkürlich selbst bestimmen kann, schließt es eine unendliche Vielheit als Möglichkeit in sich, und kann davon durch Selbsteinschränkung verwirklichen, so viele und welche Welten es will, so auch die Möglichkeit, daß es ein übereinstimmendes System unendlich vieler Einzelwesen sei.

Schluß.

Das schließliche Ergebniß der vielen Wandlungen des Substanzbegriffes, die wir nun betrachtet haben, ist die Feststellung einer doppelten Bedeutung, deren dieser Begriff fähig ist, aber auch bedarf, wenn er seinem Zwecke genügen soll, den Theil der Erfahrung erschöpfend aufzufassen, von welchem er abgezogen worden ist, also selbständig Bestehendes, wovon alles Andere Theil ist oder ausgeht. Die Schwierigkeiten, in welche auf der einen Seite Aristoteles, auf der andern Seite Spinoza bei Durchführung ihrer Systeme gerathen sind, und womit sie umsonst ringen, entspringen lediglich aus ihrer einseitigen Auffassung des Begriffes der Substanz und wären mit dessen Verbesserung geschwunden. Ihre Auffassungen sind dabei entgegengesetzt einseitig. Diese Schwierigkeiten sind darum die zwei sich ergänzenden Gegenproben zu dem Ergebnisse befriedigender, innerlich harmonischer Weltanschauung, zu welchem zuerst die christliche Scholastik in ihrer Reife und dann noch einmal der Rationalismus und in seinem größten, allseitigsten Vertreter beide dadurch gelangt sind, daß sie die beiden Arten des Substanzbegriffes unterschieden, benutzt und als unentbehrlich erkannt haben.

Zum ersten Male erreicht der Begriff diesen Gipfel der Ausbildung in der Zeit des Aufblühens und Reifung der Scholastik unter der Sonne heidnischer Weltweisheit, wo der offene Weltsinn des Alterthums mit dem tiefen Gottesbewußtsein und überweltlichem Sehnen christlicher Heiliger (Franz von Assisi wirkte damals) in den Denkern zu wunderbarer Harmonie sich paarte. Nach dem schnellen Vorübergehen dieser Höhezeit steht der Substanzbegriff wieder in die alte Einseitigkeit zusammengeschrumpft da, obgleich der Eindruck der einmal sichtbar gewordenen Wahrheit seitdem bei keinem Philosophen mehr ganz fehlen kann, und hier und da, bei Duns, Occam, Nikolaus und Bruno, merkwürdige Neubildungen und Fortsetzungen hervortreibt, die unbedingte Allmacht Gottes, die Lehre vom Größten und Kleinsten und dergleichen, an denen nur ihre Zugehörigkeit zum Substanzbegriffe nicht mehr beachtet wird. Erst als die Philosophie nach der Zeit des Ringens um ihre Mündigkeit gegen die Kirche wieder zu voller innerer Unbefangenheit gegenüber der Religion gelangt war, führte Deskartes' kühle Klarheit und logische Schärfe den Begriff abermals auf die

Höhe der Vollendung, von wo er auch den Urgrund der Welt seiner vollen That=
sächlichkeit nach wahrnimmt. Aber dieses Mal erreichte er sie, um hinterher nach
der entgegengesetzten Seite hinabzugleiten, und nunmehr zum ersten Male die=
jenige Seite einzubüßen, auf welche er vordem beschränkt gewesen war. Dabei
zeigt sich, obwohl Aristoteles' Auffassung vom Dinge noch eine beschränkte war,
doch sein Begriff des Dinges ausreichend, um den ganzen Sinn von Ding zu
fassen: Das Selbständige, das nicht von Anderem ausgesagt werden kann, kann
erstens bedeuten: Ein einheitliches Ganzes, das von allen anderen Ganzen ge=
trennt werden und ohne sie für sich selbst bestehen kann, aber selber eine untrenn=
bare Einheit ist, deren Theile von einander ohne Vernichtung des Ganzen nicht
zu trennen sind. In dieser Bedeutung ist das Selbständige der Gegensatz zu=
gleich zur Vielheit und zum Theile. Es kann zweitens bedeuten: Das durch
nichts Höheres Bestehende, also nicht einmal durch ein Gesetz in seinem Bestande
Bestimmte, das sich also ganz und gar selbst bestimmt, erhält und schafft. So
gemeint ist es der Gegensatz zu allem Abhängigen, zur ganzen Schöpfung, zu
sich selber im ersten Sinne, wo es bestimmt ist, also Geschöpf bedeutet.

Ein Beweis für die Wahrheit dieses zweimal errungenen und wieder ver=
lorenen Resultates liegt auch darin, daß es, einmal gefunden, von keiner Seite,
auch von Spinoza nicht, eine Anfechtung erfahren hat. Es konnte noch vernach=
lässigt werden, eine lange Zeit ganz unbegriffen bleiben, die in ihm liegende
Unterscheidung konnte unklare Vermengungen und bewußte Verbindungsversuche
erfahren, seine Anwendung auf die Wirklichkeit nach der wechselnden Auffassung von
dieser bald in der, bald in jener Richtung unstatthaft erscheinen, zuerst hinsichtlich
seiner neuen Seite und dann auf einmal hinsichtlich der alten, aber es konnte
nicht widerlegt werden. Dies wurde nicht einmal versucht. Selbst bei Spinoza,
der nur die neue Seite des Begriffes kennen will, steht in der Definition die alte
friedlich daneben. Seit Albert dem Großen ist die Frage nicht mehr, ob es
neben den Substanzen in der Wirklichkeit noch anderes selbständiges Sein gebe
und ob dies dann Essenzen oder Ideen oder Universalien am richtigsten heiße,
sondern ob man die Substanz (das einzige selbständige Sein) in beiden
Deutungsweisen für verträglich mit einander in der Wirklichkeit, oder aber nur
in einer von beiden für möglich und in welcher halten dürfe.

Will man zur Verdeutlichung die Kantischen Begriffe hierauf anwenden, ob=
wohl Kant damit nicht objektive Verhältnisse, sondern angeborene Weisen unseres
Objekt=Setzens bezeichnet, so hat Albert es zum ersten Male ausgesprochen, daß
die Substantialität nicht bloß die Subsistenz (Kant giebt diesem Worte den
Sinn: Das Tragen wesentlicher und unwesentlicher Bestimmtheiten), den Gegensatz
von Inhärenz bedeute, sondern auch die Kausalität, d. h. nicht das selber dem Natur=
gesetze unterliegende Verursachen, sondern die Macht des Gesetzes selbst, das
Ursachen wie Wirkungen erst zu solchen macht.*)

Das Naturgesetz, von welchem das Verhalten aller Dinge unter allen Um=

---

*) Daß die Kausalität ebenfalls volle Substantialität sei und die ganze Substantialität
Gottes ausmache, diese Wahrheit bewährt sich auch darin, daß am Anfange unseres Jahr=
hunderts wieder einer der scharfsinnigsten und frömmsten Denker, und zwar der Wiedererwecker
der Frömmigkeit in Kirche und Gesellschaft des protestantischen Deutschlands, das Wesen der
Religion bloß für das Gefühl „schlechthin abhängig zu sein" erklärt hat. (Damit wollte
er auch solche Religionen mitbegreifen, die nur einen allmächtigen Teufel kennen. Die Kurden
z. B. glauben ja an weiter Nichts. Aber auch dieser wäre Person, also Substanz.)

ständen abhängt, auch ihr Entstehen und Vergehen und sogar dessen Bedingungen, ist ja als allbedingend selber unbedingt und zugleich nicht bloß ein Gesetz, weil das von einem Begriffe Bedingte nur dann Wirklichkeit hat, (und das vom Naturgesetze Bedingte ist ja die Wirklichkeit selbst,) wenn der Begriff irgendwie verwirklicht vorkommt. Verwirklicht kann ein Gesetz aber nicht anders vorkommen, denn als einheitliches Wesen, daß sich selbst so schafft, daß seine Beschreibung gerade nur jenes Gesetz ergiebt. Das Naturgesetz ist mithin ein selbstbestimmtes, lebendes Wesen, und man denkt es sich nur nicht richtig, wenn man es bloß als Gesetz betrachtet, denn ein Gesetz als solches, als bloßer Begriff, wäre nichts Wirkliches, geschweige den etwas Selbständiges, also auch nichts Bedingendes, mit Gesetz meint man aber gerade das Bedingende. Man muß darunter mithin vernünftiger Weise immer die Beschreibung der Selbstbestimmung eines unbedingten, also allbestimmenden Wesens verstehen, dessen freiwilliges Selbstverhalten es schildere. Faßt man es aber gar nur als Verhältniß zwischen den Dingen auf, die sich nach ihm richten, etwa nur als die nothwendige Verknüpfung zwischen Ursache und Wirkung, so wäre es ja gerade als abhängig von diesen, also ganz verkehrt gedacht, da Ursache und Wirkung abhängig von ihm sind. Das Gesetz besteht doch nicht zwischen ihnen, sondern sie bestehen im Gesetze, ihnen gegenüber ist das Gesetz das Bedingende. Aber eigentlich ist wie gesagt nicht das Gesetz, sondern jenes Wesen, als dessen Verhalten das Gesetz nur gedacht werden darf, das Unbedingte, also All Bedingende, weil von ihm alles Andere (zunächst das Gesetz und sodann die Dinge, die sich wieder nach diesem richten und das Weltall sind,) abhängt. Es ist auch das All Befassende, weil alle Ursachen und alle Wirkungen, also alle Dinge sich ja ganz nach dem Wirkungsgesetze richten, und nur eigenthümlich bestimmte Coordinaten in diesem sind, so daß sie eigentlich zwar nicht des Gesetzes, aber jenes Wesens eigenes Verhalten sind. Somit sind sie völlig in jenem Wesen befaßt und enthalten und bestehen außer ihm nicht. Dies unabhängige Wesen ist aber doch gewiß selbständig, wenn irgend Etwas so heißen darf, also Substanz, zwar in einem andern, aber in einem ebenso vollen Sinne wie die Einzeldinge.

Natürlich ist an der Causalität nicht etwa das charakteristisch, daß sie mit der Ursache die Wirkung verknüpft. Wir dürfen sie eben nicht in die Ursache setzen, welcher es allerdings ihrem Begriffe nach wesentlich ist, daß die Wirkung mit ihr verknüpft ist. Die Ursache ist nur ein untergeordnetes Glied von ihr und kann selbst nicht sein, wo die Wirkung fehlt, hängt also auch zugleich rückwärts von dieser ab. Wir sehen die Causalität nur in dem bestimmenden Naturgesetze, und da zeigt sich, daß von Verknüpfung Nichts in ihrem Begriffe liegt. Das bloße Ding, die endliche Substanz besteht ja schon in der untrennbaren Verknüpfung ihrer zeitlich aufeinander folgenden Zustände. Nur das unterscheidet also den Begriff der Causalität von dem des endlichen Dinges, daß sie die aufeinander folgenden Zustände zwingt, zu sein, und ferner diese bestimmten und keine andern zu sein. Ihr reines Wesen ist daher nur das Bestimmen der einzelnen Zustände, und zwar auch nach ihrer zeitlichen Lage, und somit als benachbart mit bestimmten andern Zuständen, vielleicht stets mit denselben, mit denen jene ersten uns dann noch irgend wie besonders verknüpft durch die Causalität erscheinen. In Wahrheit darf man aber die Zustände, welche zwei aufeinander folgende Zeitpunkte ausfüllen, nicht als mit einander verknüpft bezeichnen, weil sie zu solchem Eintreten nicht selbst sich bestimmen, sondern nur von etwas Drittem, dem Gesetze bestimmt sind. Denn in ihnen selbst liegt Nichts, was den einen zum andern zöge, nur im Gesetze. Man sollte sie nur als abhängend von demselben Gesetze bezeichnen, wodurch jeder von ihnen ganz dieselbe Gemeinschaft wie mit dem andern auch mit solchen Zuständen hat, die dieses selbe Gesetz von ihnen trennt und weit entfernt. Ihre Verknüpfung mit einander ist so zu sagen neben ihnen, aber auch neben dem sie beherrschenden Gesetze, etwas Neues, und zwar bei den gleichzeitigen Bewußtseinsinhalten desselben Geistes sicher etwas Wirkliches, entsprechend der Verknüpfung aller Variabeln eines Gesetzes unter einander, bei seinen aufeinander folgenden Zuständen wahrscheinlich auch, aber möglicher Weise auch nur ein Verhältniß zwischen diesen sowie Gleichheit und Verschiedenheit, was gar Nichts in ihnen oder außer ihnen für sich ist, sondern was nur wir zu ihnen hinzudenken, wobei allerdings Das, was wir zu ihnen hinzudenken können, ganz von ihrer vom Gesetze bestimmten Beschaffenheit abhängt. Ihr Gehören zu demselben Einzelgegenstande (denn den bringt ihre Verknüpfung ausnahmslos zu Stande, wie wir noch sehen werden) hängt somit von demselben Gesetze ab wie sie selbst, ja sogar theilweise nur als ein gedachtes Verhältniß zwischen ihnen. So kann es gar nicht dieses Gesetz sein.

Ebenso zutreffend wie als Verknüpfung der Ursache mit der Wirkung ist daher die Causalität auch in Augustin's und Deskartes' Weise zu definiren, welche einen ihrer Specialfälle, die Erhaltung, als beständige Neuschöpfung gedacht sehen wollen, also in der Weise des Okkasionalismus, als Bestimmung gewisser Zustände ganz unabhängig von einander nur nach ihrer eigenen Eigenthümlichkeit für gewisse Zeitpunkte. Die Verknüpfung besteht zwischen Ursache und Wirkung, insofern die Festlegung der Variabeln nach der Weltformel von einander abhängt. Aber nicht die Variabeln selbst bestimmen einander, sondern die Weltformel bestimmt sie durch einander oder einander gemäß, und so besteht auch wieder keine unmittelbare Verknüpfung zwischen Ursache und Wirkung. Die Ursache und ihre Wirkung sind wie die Spiegelbilder einer Kerze und eines von ihr beleuchteten Gegenstandes. Der Gegenstand im Spiegel scheint seinen Glanz immer nur von der Kerze im Spiegel zu empfangen, sogar wenn dieselbe hinter ihm steht, nicht von vorn aus dem Zimmer, wo die wirkliche Kerze brennt, von der doch alles Licht kommt. Und doch erhält er in Wahrheit seinen Glanz nur von dem wirklichen Gegenstande im Zimmer, den er abbildet.

Wer bei dem Worte Causalität vor Allem an die nothwendige Verknüpfung irgend welcher Zustände mit einander denkt, hat damit deren Wesen also gar nicht erfaßt, sondern in Wahrheit eine unbewußte Substantiirung der Ereignißreihe zu mehreren gleichzeitig sich entwickelnden Einzeldingen vollzogen, was ja in der That gleichfalls nöthig ist. Denn wenn Dinge in irgend einem Zustande angenommen werden, kann dessen Wirkung immer nur in einem folgenden Zustande derselben Dinge, welche jener Zustand umfaßte, und keiner andern Dinge mehr bestehen. Fiele die Wirkung noch in andere Dinge, so müßten auch diese schon zur Ursache gehört haben. Daß aus dem Zusammenwirken organischer Leiber neue Organismen entstehen, ist gerade ein Beweis, daß Leiber keine einheitlichen Substanzen sind. Die sogenannte causale Verknüpfung sich zeitlich an einander reihender Zustände schließt sie also in der That stets zu eben so viel Einzeldingen zusammen, wie der erste dieser Zustände war, kann aber als Folge des Gesetzes nicht zum Gesetze gemacht werden, um so weniger als zu dessen Folgen immer auch Trennung neben der Verknüpfung und wegen derselben

4

gehört, so daß man die Folgen der Caujalität oder des Caujalgesetzes, nämlich die Bildung so und so durch Wechselwirkung auf einander sich entwickelnder Einzelwesen je aus so und so viel sich firirenden Variabeln oder einfachen Bestimmtheiten, z. B. aufeinanderfolgenden Bewußtseinsinhalten wie aus Mosaikstiften*) lieber Anordnung nennen sollte als Verknüpfung.

Was man stets als begriffliches Wesen des Einzeldinges gedacht hat, verlangt nach der strengen Unterscheidung beider Substanzbegriffe, der zwei Begriffe des χωριστόν, gleichfalls eine Umstellung. Das Wesen sollte doch als das, was dies Ding, diesen Gegenstand eigentlich ausmacht, der innere Grund jeder Bestimmtheit des Einzelwesens sein. Sogar wie man eine Zeit lang als Grund der Individuation die Materie ansehen zu müssen meinte, verstand man die Individuation doch nur im Sinne der blos numerischen Vielheit, einerlei wovon, und suchte stets den Grund jeder Verschiedenheit, also jeder qualitativen Bestimmtheit im begrifflichen Wesen. Das begriffliche Wesen eines Dinges ist also sein (durch Festlegung seiner Daseinsumstände oder Lebensverhältnisse, also der andern Individuen und ihrer Schicksale, d. h. durch Ausscheidung der gleichzeitigen andern Variabeln des Weltgesetzes aus diesem zu gewinnendes) besonderes Bildungsgesetz, wie die Bestimmungen der übrigen Variabelnbündel einer Formel das Bildungsgesetz für das letzte Coordinatenbündel in derselben sind, und solch Bildungsgesetz, also einen allgemein gültigen, unzählige Fälle regelnden Begriff, verstand man stets unter dem einheitlichen, bleibenden Wesen des Dinges, sonst hätte man das Wesentliche, wodurch das Ding doch gerade konkret wird (die quiditas), nicht stets mit dem Allgemeinen identifiziren können. Es ist eben allgemein und doch besonders, wie es nur der besondere Fall eines allgemeinen Gesetzes ist.

Es ist offenbar, daß solch Bildungsgesetz einer Einzelsubstanz ganz mißbräuchlich als zu ihr und in ihren Begriff gehörend bezeichnet wird. Dafür ist es aber genau Dasselbe, was sich uns eben als Kausalität herausstellte, nämlich das Bedingende. Ferner ist ersichtlich, daß Gott kein besonderes Wesen haben kann, sondern bei ihm und nur bei ihm sein Wesen oder, wie es früher hieß, die Form, auch die Attribute, mit ihm selbst zusammenfallen muß. Denn schon er selbst ist alle Kausalität. An ihm kann also Nichts von außen bedingt, Nichts zufällig sein. Das begriffliche Wesen einer Substanz ist nur die Verbindung, welche schon das Weltgesetz zwischen allen ihren Zeitcoordinaten festsetzt, so lange man bei seiner Definition die übrigen Einzelwesen nicht mitberücksichtigen will. Ist diese Substanz ein Wesen ohne Selbstbestimmung, so wird sie davon bis in ihre kleinsten Einzelheiten bestimmt und durchgebildet, soweit die andern, in andern auf sie einwirkenden Substanzen und deren abweichenden Wesen oder Bildungsgesetzen liegenden, Bedingungen es erlauben. Denn dieselben Augenblicke verschiedener Individuen bekämpfen sich von der Selbstbestimmung eines jeden Individuums im ersten Weltaugenblicke her, soweit diese zu der vom Weltgesetze geforderten Gesammtbestimmung des ersten Augenblicks nicht harmoniren wollte, falls aber etwa dieser Gesammtcharakter des ganzen ersten Augenblicks im Welt-

---

*) Dem Coordinatensysteme gleicht die Zeichnung eines Mosaikbildes, welche nur die Form und den Platz jedes Steines bestimmt. Wie jede Coordinate aber durch die Bestimmung der andern mit festgelegt wird, so kann man auch nur noch Steine ganz bestimmter Farbe an bestimmte Plätze setzen, nachdem man die Farben aller andern Plätze gewählt hat.

gesetze freigelassen zu denken sein sollte, kann aller Kampf nur herrühren von späteren unharmonischen Entscheidungen der Substanzen mit Selbstbestimmung. Der Erfolg des Kampfes entspricht immer der für den Augenblick vom Weltgesetze verlangten Gesammtbestimmung, und ist jedem Individuum günstig im Verhältnisse der Kraft seiner augenblicklichen Selbstentscheidung, oder der ursprünglichen, von der es noch gegenwärtig bedingt wird, je nachdem es nun ein freies oder unfreies Geschöpf ist. Das begriffliche Wesen einer Substanz ist zwar nicht allbedingend, bedingt aber mit der Macht des Gesetzes doch Alles mit, was zu diesem besonderen Individuum gehört, unbeschadet dem Zusammenwirken anderer Gesetze (anderer Wesensbegriffe) mit ihm, und so ist es nicht minder ein Gesetz wie dieses.

Wesentlich in jedem Einzeldinge ist hiernach Alles, soweit es aus seinem Specialgesetze allein floß, unwesentlich oder zufällig und vom Augenblicke abhängig wiederum Alles, jedoch nur so weit es mitbedingt wurde durch das Hineinspielen anderer Specialgesetze, also durch die Einwirkung anderer Einzeldinge. Jede Variable eines Einzeldinges ist eben einerseits durch die Bestimmung der gleichzeitigen Variabeln aller übrigen Individuen, andererseits durch seine eigene Vergangenheit, und wenn es Selbstbestimmung hat, noch drittens durch sich selbst bedingt. Was für eine Phantasierichtung ein Mensch hat, ist doch wohl wesentlich an ihm, was für einen Einfall in diesem Augenblicke, unwesentlich. Und wieder ist jene auch unwesentlich, sofern sie mit von seinen früheren Eindrücken, ja noch von dem momentanen Einflusse seiner jetzigen Lage auf seine Stimmung abhängt, also gerade bei diesem Menschen durch andere Erziehung und andere Umgebungen eine andere sein würde, sein jetziger Einfall aber muß wesentlich genannt werden, sofern er doch nur ihm nach solchen Erlebnissen in solcher jetzigen Lage kommen konnte.

So erklärt sich auch, warum alle Versuche, das begriffliche Wesen der Substanz, das Wesentliche an ihr im Gegensatze zum Unwesentlichen an ihr irgend wie in ihren Begriff einzufügen, zu Verwirrung führten und in Unklarheit verliefen. Unter die Accidentien konnte man das Wesen nicht stellen, nicht einmal unter die Qualität, weil alle Accidentien von ihm erst bestimmt werden sollten, und es doch nicht das Selbe sein konnte wie Das, was von ihm abhing. Aber eben so wenig konnte man es in die Substanz selbst einbeziehen, denn in dieser sind die Accidentien ja mit inbegriffen, weil sie nicht eine unbestimmte Einheit, sondern die Einigung irgend welcher Accidentien ist, so wäre also ebenfalls das Wesen mit den Accidentien identificirt werden. Darum gab man dem Wesen oder den Universalien eine unbestimmte Mittelstellung zwischen der Substanzkategorie und den übrigen 9 Kategorien, den Prädikamenten, als Prädikabilien, die weder zur Substanz noch zu ihren Prädikaten gehören, und schon deshalb konsequenter Weise eigentlich immer hätten hypastasirt werden müssen. Man machte aber das Wesen zu den Universalien, weil es als Gesetz allgemein sein muß, nämlich allen nach ihm möglichen Entscheidungen als seinen Fällen gemein. Da man aber den Charakter von Gesetzen bevor man die ersten exakt erkannten Beispiele solcher hatte, also vor Deskartes' Erfindung der analytischen Geometrie und Galilei's Entdeckung des Fallgesetzes mehr dunkel fühlte als deutlich begriff, und daher weder an seine wirklich allgemeine Gültigkeit zu glauben wagte, noch andererseits sein Bestimmen auch der letzten Einzelheiten im konkreten Dinge ahnte, hielt man das Wesen für den Gattungs- oder für den Art-Charakter statt jedes

Mal für den individuellen. Begünstigt wurde ja diese Erklärung durch den Umstand, den man längst schon halb erkannt hatte, daß das Gesetz dieses Einzeldinges nicht eine unmittelbare Determination aus der allgemeinen Weltformel, sondern nur eine aus dem Gesetze seiner nächsten Art ist, und aus der Weltformel erst durch die Vermittelung aller Formeln von denen seiner höheren Gattungen an durch die seiner niederen bis herab auf seine Artformel zu Stande kommt, indem jedesmal durch Beseitigung, d. h. Festlegung der Variabeln aller anderen nächst niederen Gattungen oder Arten oder Individuen zu neuen Constanten nur das Gesetz einer nächst niederen Gattung u. s. w., und so zuletzt erst das dieses konkreten Dinges selber gewonnen werden kann.

Auch die dritte Möglichkeit ging nicht an, das begriffliche Wesen statt den bloßen Accidentien oder der ganzen Substanz aus ihnen, lieber der leeren Form der Einheit ohne das darin Geeinigte, also dem Complemente der Accidentien zur Substanz, gleichzusetzen. So läge nämlich in ihm nicht die bestimmende Macht, wodurch gerade diese und keine andern Accidentien zu dieser Einheit verbunden oder vielmehr in sie hinein geschaffen werden.

Aber auch als ein Theil der geeinigten Accidentien sammt ihrer Einigung konnte das Wesen der Substanz nicht gelten. Dann würde es zunächst die übrigen Bestimmungen dieser Substanz nicht bestimmen, und ferner auch die zu ihm gehörigen nicht etwa bestimmen, sondern sein.

Mit der Form in ihrer Aristotelischen Bedeutung als $\dot{\alpha}\varrho\chi\dot{\eta}\ \tau\tilde{\eta}\varsigma\ \pi o \iota \dot{\eta} \sigma \varepsilon \omega \varsigma$, also als Schönheit, die durch ihr ruhiges Sein bewegt wie ein Naturgesetz, deckt sich das begriffliche Wesen allerdings genau. Trotz dieser ihrer strengen Bestimmtheit war für Aristoteles die Form freilich doch zugleich das absolut Bestimmende, und Dies sogar in erster Linie, ganz wie wieder bei Spinoza Beides zusammengeflossen ist (wohl weil auch Spinoza dem Denken das Sein so vollständig parallelisirt wie Aristoteles, und sich im Denken nichts absolut Bedingendes vorfindet, sondern nur zugleich selbst noch Bedingtes). Hier macht dieser Umstand aber keinen Unterschied, weil es hier nur auf das Verhältniß des Gesetzes zum Einzeldinge, zum Einzelvorgange zwischen Einzeldingen ankommt, wo das Gesetz als unbedingt bedingend erscheint, nicht auf das Verhältniß des Gesetzes zum eigentlich Allbedingenden, wogegen das Gesetz freilich ebenso bedingt ist wie alles Andere. Kurz, für Aristoteles war die Form All bedingendes Gesetz (und zugleich Ideal) der Welt im Ganzen wie im Einzelnen, also das begriffliche Wesen im Einzeldinge ohne alle zufälligen Störungen. (Das Einzelding schildert der Schlußsatz des Syllogismus, so oft er es zum Subjekte hat, blos stofflich seiner konkreten Erscheinung nach. Denn dem Schlußsatze fehlt der Mittelbegriff, der die Form des Dinges, und damit sein Wesen oder Gesetz erfaßt. Der Schlußsatz könnte darum an sich auch stets rein aus der Erfahrung als blos thatsächliche Wahrheit gewonnen sein. Zum erschlossenen Satze macht ihn erst der Mittelbegriff, den ihm die Prämissen liefern, indem dieser die Form oder das Wesen des Einzeldinges erkennt und ihn daraus begründet und als Nothwendigkeit ableitet.) Aber damit war dem Wesen keine Stelle im Begriffe der endlichen Substanz, des Einzeldinges selber angewiesen, denn Form und Materie sind nicht Bestandtheile der Dinge, sondern ihre Principien, bilden also gerade den Gegensatz zu den Dingen, da das Bedingende doch im Gegensatze zu dem Bedingten steht.

Diese Schwierigkeiten sind nur durch die Anerkennung zu beseitigen, daß das Wesen der Einzeldinge, sowohl ihr Gattungs- und ihr Art-, wie ihr Individual-

Charakter, gar nicht in ihnen als solchen zu suchen ist, sondern die besondere Umformung der Naturgesetze ist, die für sie gilt. Das Wesen eines Einzeldinges bedeutet das Nothwendige in ihm, und Nothwendig bedeutet, was auch durch den denkbar stärksten Willen nicht abzuändern ist. Das kann Etwas aber angesichts der Allmacht Gottes nur sein, weil es selbst der denkbar stärkste Wille, also der des allmächtigen Gottes ist. Mithin ist das Wesen eines Einzeldinges der Wille Gottes betreffs seiner, diesen nennen wir des Dinges inneres Gesetz oder eigenthümliche Natur.

Nachdem wir so alle Verknüpfung zu dem verwiesen haben, was bei Kant Subsistenz heißt, also zur Einzeleristenz, dafür aber Alles, was man das Wesen oder den Typus, auch Charakter oder Natur eines Individuums nennt, aus der Subsistenz herausgehoben und in Causalität aufgelöst haben, und die Causalität nur in ihrer Auffassung durch Deskartes als haltbar, nämlich als das schöpferische, All bestimmende Verhalten des absoluten Seins erkannt haben, können wir sagen: Sowohl Subsistirendes (in Kant's, nicht in Gilbert's Sinne), als Causirendes sind das Abtrennbare, Selbständige, χωριστόν.

Nicht nur das mannigfache Inhärente, sondern auch das Dependente machen das Untrennbare, Unselbständige aus.

Die Substantiirung des Ganzen (oder besser: Umfassenden, denn es enthält nicht Unterschiede), die dieses nur zum Causirenden, nicht zum Subsistirenden macht, kann nun auch nicht mehr die Substantialität seiner Theile (genauer: Geschöpfe, oder Bündel fixirter Gesetzes-Variabeln) vernichten, da diese nur in ihrer Subsistenz, nicht in ihrer Causalität besteht.

Was die beiden in dieser Weise zu denkenden Substanzen aber eigentlich sind, davon ist in der Philosophie noch nicht die leiseste Ahnung zu finden. Wie ein Zusammenhang und wie die Kraft irgend zu erklären ist, hat noch kein Philosoph gesagt, und wird wohl niemals ein Mensch sagen können. Daß diese absolut freie Kraft Alles nur schafft weil sie es liebt, leuchtet uns ein. Aber wie es damit zu vereinigen ist, daß sie dennoch das Böse und das Übel nicht liebt, das Beides sie doch unzweifelhaft auch schafft, so gewiß sie allein alle Freiheit der Willen schafft und erhält, mit andern Worten, warum der Begriff der bloßen Allmacht zum Begriffe Gottes, der Heiligkeit, der Liebe zu ergänzen sei, ist für Menschen ein unbegreifliches Geheimniß. Wäre Gott doch nicht einmal der Unendliche, wenn ein endlicher Geist mit seinen Begriffen ihn messen könnte. Deskartes' Versuch, den Zusammenhang der mannigfachen Bestimmungen eines Körpers unter einander logisch zu ergründen, hätte die Aufgabe nur umgangen, nicht gelöst, auch wenn er wirklich gelungen wäre, und die Undurchdringlichkeiten nicht schon durch ihre Dauer jede noch immer ein Vielfaches blieben, so daß mit der Auflösung aller gleichzeitigen Merkmale in ein einziges doch Nichts gewonnen ist. Denn was hilft es uns zur Erklärung unserer Bewußtseinseinheit, beim Körper die Mannigfaltigkeit auf Einfachheit zurückzuführen? Es nähme den Körpern nur den Charakter von Dingen, wie wir sie in der Wirklichkeit doch einmal anerkennen müssen, es bewiese also nur, daß das Materielle überhaupt nicht in gleicher Weise zu Substanzen verbunden und getrennt wäre wie das geistige Leben. Im Bewußtsein ist unzweifelhaft stets eine Mannigfaltigkeit, und deren Einheit, die stärkste und innigste, die es giebt, müßte erklärt werden, um das Räthsel der Einzelsubstanz zu lösen. Kant's Lösungsversuch), das Wesen des Bewußtseins einfach als die synthetische Einheit der Apperception zu setzen, erklärt die Schwierigkeit nicht, sondern bezeichnet sie nur. Aber die Unerklärlichkeit aller Substanzen thut dem gewonnenen Ergebnisse keinen Eintrag, daß sie so und nicht anders beschaffen und demgemäß so zu denken und zu definiren sind, wie es oben entwickelt worden ist. Wir finden unser eigenes Bewußtsein als einen Zusammenhang vor, wir werden zu der Annahme gedrängt, daß auch das Leblose ähnlich wie das Bewußtsein zu vielen Dingen zusammengefügt ist, wir entdecken, daß über der Welt eine einzige als Gesetz schaffende Kraft waltet. Wir erfahren diese Thatsachen einfach, und wenn wir uns für sie Begriffe bilden wollen, die mit unserer Erfahrung in strengem Einklange stehen, also sie genau umschließen und uns zwingen, nicht mehr noch weniger zu denken, als in jenen Erfahrungen zu finden ist, so müssen wir allem Anscheine nach uns an die beiden Substanzbegriffe halten, welche die Philosophie in ihren oben geschilderten Leistungen geformt hat. Erklärt wird überhaupt Nichts, wenn man blos die bisherige Erfahrung in den richtigen Begriff bringt, damit wird diese nur genauer beschrieben. Zur Erklärung von Etwas kann man nur gelangen, wiefern man es innerlich erleben kann, also nur durch psychologische Erfahrung und ihre Anwendung auf Das, worauf sie sich übertragen läßt

Vita.

Natus sum CAROLUS HEIDMAN in oppido, cui nomen est Magdeburg, a. d. VI. Non. Martias anno h. s. LVIII. patre CAROLO, quem praematura morte abreptum lugeo, matre CARLOTTA e geute SILBERSCHLAG. Fidei addictus sum evangelicae.

Maturitatis testimonium adeptus atque inter cives universitatis Friderico-Guilelmiae receptus in studia physica per quater senos menses incubui. Tum Vindobonae in academia imperatoria-regia per idem tempus physicis, philosophicis studiis operam dedi. Unde Berolinum reversus per sedecim semestria studia philosophica persecutus, historica aggressus sum.

Viros audivi clarissimos: AEGIDI, BRENTANO, BRÜHL, DILTHEY, EBBINGHAUS, EXNER, DE GIŻYCKI, DE HELMHOLTZ, JASTROW, KERNER, KIRCHHOFF, KÖNIGSBERGER, LASSON, MASARYK, MEINONG, MICHELET, PAULSEN, PULUJ, SCHERER, SCHMOLLER, SIMMEL, STEFAN, DE STEIN, (R. WAGNERI assectatorem percarum ei immature demortuum), DE TREITSCHKE, WERDER, WIESNER, ZELLER.

Qui omnes quae de me meruerunt grato animo memorique mente retineo. Praecipue autem cum iis quorum operis in philosophia maxime profeci, PAULSEN, DE GIŻYCKI, MEINONG, DILTHEY, viris illustrissimis, tum DE TREITSCHKE et DE STEIN qui aeternas honesti et religiosi ideas pectori inseruerunt gratiam semper habebo.

Thesen.

I.

Locke's sekundäre Qualitäten sind ein Widerspruch gegen die Passivität der Seele nach seiner Lehre.

II.

Nicht nur unsere Raumanschauung im Allgemeinen, sondern auch ihre Elemente sind apriorisch, und folglich auch unsere geometrischen Axiome.

III.

Der Syllogismus ist nicht als der Schluß vom Allgemeinen auf Besonderes zu bezeichnen.